사업을 키운다는 것

東京大田区・弁当屋のすごい経営

菅原勇一郎 著

株式会社 扶桑社 刊

2018

TOKYO OTAKU · BENTOYANO SUGOI KEIEI

by Yuichiro Sugahara

Original Japanese edition published by Fusosha Publishing Inc., Tokyo.

사업을 키운다는 것

스탠퍼드 MBA는 왜 도시락 가게의 비즈니스 모델을 배우는가

스가하라 유이치로 지음 | 나지윤 옮김

비즈니스북스

옮긴이 | **나지윤**

숙명여자대학교 언론정보학과를 졸업하고 일본 아오야마가쿠인대학 대학원에서 국제커뮤니케이션 석사학위를 받았다. 이후 잡지사 기자를 거쳐 일본어 번역가로 활동 중이다. 옮긴 책으로는 《시골 카페에서 경영을 찾다》, 《사람을 포기하지 않는 기업》, 《당당하게 말하고 확실하게 설득하는 기술》, 《무시했더니 살 만해졌다》 등이 있다.
madlex@naver.com

사업을 키운다는 것

1판 1쇄 발행 2020년 8월 24일
1판 5쇄 발행 2024년 2월 15일

지은이 | 스가하라 유이치로
옮긴이 | 나지윤
발행인 | 홍영태
편집인 | 김미란
발행처 | (주)비즈니스북스
등 록 | 제2000-000225호(2000년 2월 28일)
주 소 | 03991 서울시 마포구 월드컵북로6길 3 이노베이스빌딩 7층
전 화 | (02)338-9449
팩 스 | (02)338-6543
대표메일 | bb@businessbooks.co.kr
홈페이지 | http://www.businessbooks.co.kr
블로그 | http://blog.naver.com/biz_books
페이스북 | thebizbooks
ISBN 979-11-6254-160-9 03320

세계 유일의 비즈니스를
일본의 도시락 가게에서 발견하다

2006년 당시 나는 공급망관리SCM: Supply Chain Management 수업을 하던 중 일본인 학생인 후시미 신야를 통해 다마고야玉子屋라는 기업을 알게 되었다. 후시미가 도쿄에서 직장을 다닐 때 애용했던 도시락 배달 업체인데 420엔(현재는 450엔)이라는 가격으로 건강을 고려한 메뉴에 맛도 좋았다고 했다. 특히 그날 만든 도시락이 정시에 배달되고, 재료가 소진되어 품절되는 일이 한 번도 없었다는 이야기에 놀랐다. "어떻게 그런 일이 가능하죠?" "모르겠어요. 교수님과 함께 그 비즈니스의 비밀을 알아보고 싶습니다."

이후 우리는 일본으로 건너가 다마고야의 대표를 직접 인터뷰했다. 그리고 그들이 팀을 구축하고 고객을 존중하며 사회에 기여하

고자 산포요시三方よし 정신을 실천하고 있음을 알았다. 산포요시란
파는 사람에게 좋고, 사는 사람에게도 좋고, 사회에도 좋은 것을 추
구하는 기업의 원칙을 뜻한다. 1994년 존 엘킹턴이 제안한 PPP People,
Planet and Profit(인간, 환경, 이윤)를 바탕으로 지속가능한 경영의 성과를
측정하는 트리플 보텀 라인Triple Bottom Line의 일본 버전인 셈이다.

　　다마고야의 기업 철학은 무척 흥미로웠다. 기업의 자기효율성을
높이고, 고객 중심 사고로 시스템을 개선하며, 사회적 책임을 고민
하면서 산포요시를 실천하고자 하는 모습에 깊은 감명을 받았다.
세 가지를 현실에서 균형 있게 달성하는 건 극히 드문 경우다. 기업
의 경영자나 리더라면 다마고야를 통해 인사이트를 얻을 수 있으리
라 생각했다. 다마고야의 사례연구를 스탠퍼드 MBA 및 최고경영
자 과정 수업에 활용하기 시작한 이유다. 다마고야의 비즈니스 원
칙은 내 동료인 로버트 서튼과 허기 라오 교수에게도 영감을 주었
다. 실제로 그들은 〈월스트리트저널〉의 베스트셀러에 꼽히기도 한 저
서《성공을 퍼트려라》에 다마고야 사례를 실었다.

　　이 책은 다마고야의 비즈니스 원칙을 속속들이 보여준다. 강의
교재로 삼아 스탠퍼드 MBA에서 다시 강의하고 싶을 정도다. 산포
요시를 실천하는 다마고야의 비즈니스 원칙을 여기서 짤막하게 소
개하고자 한다.

첫째는 자기효율성이다. 다마고야는 현명한 재고 관리 및 임파워먼트(권한 부여) 리더십을 개발했다. 다마고야의 재고 관리 시스템은 아주 정교하다. 이 기술을 '이중 대응'dual response이라고 한다. HP, 애질런트테크놀로지스(HP에서 분사한 바이오 분야 테스팅 장비 회사), 자라, 럭키스토어스(미국의 슈퍼마켓 체인) 등의 제조업 혹은 유통업에서 사용하는 기법으로, 다마고야는 식자재 공급처를 다변화하여 푸시 전략과 풀 전략을 혼합했다. 여기서 푸시 전략이란 장기적으로 수요를 예측하고 그 수요에 맞춰 미리 재고를 준비해 놓는 것을 뜻하며, 풀 전략은 그때그때의 수요에 맞추어 공급량을 조절하는 것을 뜻한다.

SCM 분야를 오랫동안 연구해 온 만큼 앞에서 언급한 미국 기업에서 사용하는 이중 대응의 사례를 본 적이 있지만 다마고야는 특이점이 있다. 바로 생산뿐만 아니라 배송에서도 같은 개념을 적용했던 것이다. 예측을 기반으로 원거리 지역은 미리 배송차를 출발시키고push, 근거리 지역은 그날 주문량에 맞추어 도시락을 싣고 배송차를 보낸다pull. 정확히 말하면 배송은 세 번에 나누어 하기 때문에 삼중 대응이다! 내가 알기로 다마고야는 생산과 배송, 두 분야에 걸쳐 이중 대응을 구현한 유일한 기업이다. 이는 공급량의 유연성과 비용 관리의 최적화라는 결과로 나타나는데, 이를 숫자로 표현하면 다음과 같다. 재고 부족률 0퍼센트, 폐기율 0.1퍼센트, 정시 배송률 100퍼센트! 실로 유례없는 성과가 아닌가.

나는 SCM을 연구하는 학자로서 이렇게 훌륭한 생산 시스템을 누가 설계했는지 궁금했다(질투의 감정도 있었다). 컨설팅 회사일까, 아니면 대학교수일까?

스가하라 대표는 태연하게 대답했다. "당연히 우리 회사의 배송 기사입니다." "어떤 배송 기사를 채용한 겁니까? 박사학위를 딴 사람들입니까?" "아니요, 사실 그들 중 대부분은 고등학교를 중퇴했습니다." "연봉을 얼마나 지급하는지 알려줄 수 있을까요?" "근속이나 직급, 성과 등에 따라 다르지만 4년 차가 되면 보너스를 포함해서 600만 엔 정도 됩니다." "꽤 높은 편이군요. 일본에서는 배송 기사들이 보통 그 정도 급여를 받나요?" "아닙니다. 다른 곳은 훨씬 적게 받습니다." "특별히 더 많은 보수를 주는 이유가 있나요?" 스가하라 대표는 내게 되물었다. "그들이 단순한 배송기사라고 생각합니까?" 나는 대답하지 못했다.

실제로 이들은 배송기사인 동시에 예측가, 시스템 엔지니어, 회계 관리자, 마케터 및 영업자 등 많은 역할을 하고 있었다. 스가하라 대표는 말을 이었다. "그들은 말 그대로 회사의 얼굴입니다." "그럼 대표인 당신은 회사를 위해 하는 일이 뭔가요?" 농담 삼아 한 질문이었지만 진지한 대답이 돌아왔다. "배송 기사들을 지원합니다. 그것이 제 임무입니다." 이것이 바로 다마고야의 임파워먼트 전략이다.

둘째는 고객에 집중하는 것이다. 그들은 고객의 말을 경청하고 서비스에 반영한다. 스가하라 대표에게 이런 질문을 해보았다. "배달 전날 저녁에 선주문을 받으면 안 됩니까? 그러면 생산 효율이 극대화될 텐데요." 스가하라 대표는 이렇게 답했다. "그것도 하나의 방법이지만 다마고야는 최대한 유연성을 발휘해 고객이 그날 오전 10시 30분까지 주문한 도시락을 점심시간에 받을 수 있도록 최선을 다합니다."

다마고야는 고객이 어떤 음식을 좋아하는지 알고 있다. 판매량을 늘리려면 사람들이 좋아하는 메뉴로 구성하면 그만이다. 그러나 다마고야는 브로콜리와 시금치 같은 채소를 반드시 메뉴에 넣으려 하고, 햄버그스테이크나 프라이드치킨 등 인기 메뉴는 건강을 생각해 되도록 넣지 않으려 한다. 또한 다마고야는 욕심을 부려서는 안 된다고 믿는다. 도시락의 품질과 서비스를 최상으로 유지하기 위해서라면 과도한 확장을 경계한다. 심지어 신규 고객을 마다할 때도 있다. 고객으로서는 섭섭하게 들릴지 모른다. 그러나 기존 고객에 대한 서비스에 차질을 빚거나 새로운 고객에게 제대로 된 서비스를 제공할 수 없다면 아예 받지 않는다. 배달 경로가 기존의 경로와 맞지 않거나 주문량이 적은 고객을 어쩔 수 없이 거절하는 이유다. 다마고야의 이러한 철학은 모든 경영자가 곱씹어야 할 교훈이다.

셋째는 사회적 책임이다. 이것은 다마고야의 고용 정책에 잘 반영되어 있다. 다마고야는 삶에서 길을 잃은 젊은이들에게 재기의 발판을 마련해 준다. 악동이라고 부르는 이 젊은이들에게 다마고야는 일자리와 임파워먼트라는 두 가지 기회를 주었고, 그들은 회사 일에 적극 참여함으로써 이에 화답했다. 또한 다마고야는 환경오염을 최소화하기 위해 적극적으로 노력한다. 재사용할 수 있는 도시락 용기를 사용하는 것이 그 예다. 음식물쓰레기 처리 설비에 투자한 적도 있을 정도다. 이처럼 그들은 노력을 멈추지 않는다. 다마고야에게 환경보호란 보여주기식이나 마케팅용 표어가 아니라 사회적 공헌의 실천이다.

다마고야가 세계에서도 찾기 힘든 유니크한 비즈니스를 하는 기업임에는 틀림없다. 하지만 그들에게도 시대적 변화에 발맞춘 대응과 성장 방향성에 대한 고민은 있다. 재작년 나는 스가하라 대표, 후시미와 이 책의 출판을 기념해 신주쿠에서 저녁 식사를 함께했다. 우리가 나눈 대화의 주제는 경쟁이었다. 새로운 세대가 등장하면서 도시락 업계에도 새로운 경쟁자가 나타날 것이다. 푸드트럭, 편의점 간편 음식, 온라인 도시락 배달 업체, 꼬치구이 프랜차이즈 등이 현재까지 눈에 띄는 위협이지만, 앞으로 더 많은 위협 요인이 나타날 것이다. 다마고야는 생존과 성장을 위해 변화에 적응해야 한다.

다마고야는 어떤 강점을 내세워 스스로를 지켜 나갈까? 과거 그

해답은 인재 경영에서의 임파워먼트에 있었다. 그러나 20년 전 급성장하던 시기에 고용한 청년들은 이제 결혼하고 안정된 삶을 살고 있다. 과거의 악동들은 현실에 안주해 더는 적극적으로 위험을 감수하지 않는다. 따라서 더 많은 악동을 신규 채용하여 혁신의 바퀴를 굴릴 수 있느냐가 관건이다.

성장을 위한 확장과 핵심 비즈니스 사이의 균형을 고민하는 사업가라면 다음의 이야기를 귀담아들을 필요가 있다. 몇 년 전, 내 대학원 수업에 스가하라 대표를 초대해 강연을 부탁했다. 끝날 무렵 그의 다른 사업인 다마노야玉乃屋에 대한 토론이 있었다. 다마노야는 장례식 전용 케이터링 서비스다. 자체 주방, 셰프, 마케팅팀, 트럭을 갖추어 비교적 비싼 가격의 고급 도시락을 제공한다.

한 학생이 질문했다. "장례식만 전문으로 하는 이유는 무엇입니까?" "최근에는 다른 기회도 찾고 있습니다. 좋은 아이디어가 있습니까?" 몇몇 학생이 "결혼식은 어때요?"라는 의견을 냈고 스가하라 대표는 바로 대답했다. "결혼식은 저희 분야가 아닙니다." "왜요?" 대답은 간단했다. "결혼식을 앞둔 고객들은 미리 계획을 세워 두기 때문입니다."

미리 예약할 수 있는 상황이라면 5성급 호텔을 비롯해 근사한 레스토랑은 너무나 많다. 다마고야의 핵심 역량은 음식이 아니라 운영의 효율성에 있다. 어떤 레스토랑도 애자일 경영 측면에서는 다마고야와 경쟁 상대가 안 된다. 그래서 결혼식은 다마고야가 지닌 최대 장점과 맞지 않는다. 자신의 사업에서 핵심 역량이 무엇인지를 명확하게 아는 것이야말로 성장의 방향성을 결정한다.

이 책은 다마고야라는 사례를 통해 사업의 핵심 철학을 확고히 함으로써 원 아이템으로 사업을 성장시키는 방법을 여러 관점에서 분석한다. 중소기업으로서는 회사의 존폐를 좌우하는 리더 교체를 성공적으로 이뤄내고 시대 변화에 맞추어 성장해 온 비결이다. 다마고야의 이야기가 스탠퍼드 학생들에게 좋은 사례가 되었듯이 독자에게도 자산의 규모와 관계없이 사업을 키우는 데 도움이 될 인사이트를 줄 수 있을 것이다.

스탠퍼드 경영대학원
운영정보기술 과정 명예 및 석좌교수
Jagdeep and Roshni Singh Professor of Operations, Information and Technology, Emeritus
황승진

작은 도시락 가게를
1,000억 기업으로 키운다는 것

다마고야는 1975년에 창업한 도시락 업체다. 매일 오전 9시부터 10시 30분까지, 딱 1시간 30분 동안만 주문을 받고 당일 정오까지 사무실이나 공장, 관청 등에 도시락을 배달한다. 주문이 가능한 지역은 도쿄도 15구와 가나가와현 동부 지역이다. 2018년 현재 다마고야와 계약을 체결한 기업체 및 사무실은 5,000여 곳이며 하루 배송처는 1만여 곳이 넘는다.

다마고야는 문턱이 높다. 편의점이나 매장에서 불특정 다수에게 도시락을 팔지 않는다. 다마고야와 거래를 맺은 기업체 직원만을 대상으로 판매한다. 일반 손님이 '오늘은 다마고야 도시락을 먹고 싶다'라고 생각해도 도시락을 구매하기 어렵다는 이야기다.

또한 다마고야는 하루에 한 가지 메뉴만 제공한다. 대신 한 번 나온 메뉴가 한 달 안에 다시 나오는 일은 없다. 가격은 세금 포함 450엔 (약 5,000원)이고 하루 평균 판매량은 최대 7만 개다.

아버지는 1975년에 다마고야를 창업했다. 당시엔 하루 50개 정도를 파는 수준이었다. 그러다 1982년에 하루 평균 판매량이 2,000개를 넘었고 1987년에는 1만 개를 돌파했다. 내가 다마고야에 입사한 1997년에는 2만 개를 돌파했고 이후에도 3만 개, 4만 개, 5만 개로 꾸준히 상승곡선을 그리며 2007년에 6만 개를 넘어섰다. 현재는 6만~7만 개 사이를 유지하고 있다. '잃어버린 20년'이라는 기나긴 불황 속에서도 다마고야는 실적이 세 배 이상 증가한 것이다.

2018년 현재 다마고야의 매출액은 90억 엔에 달한다. 가족끼리 소소하게 시작한 도시락집은 이제 아르바이트와 파트타임을 포함해 600명 직원에 이르는 중견 기업으로 거듭났다. 하루에 3,000개를 팔면 대형 기업으로 분류되는 도시락 업계에서 판매량 6만 개는 실로 놀라운 수치다. 이 정도 판매량이면 전국적으로 사업을 전개하는 기업으로 생각하기 쉽지만, 다마고야는 도쿄 오타구를 중심으로 손발이 닿는 한도 내에서 판매를 하는 지역 밀착형 토착 기업이다. 직원의 연령대도 다양한데, 10대 배송 기사가 있는가 하면 도시락을 만드는 최고령 직원은 무려 79세다.

"450엔짜리 단일 메뉴 도시락만으로 괄목할 만한 성장을 이룬 비결은 무엇입니까?"

"하루에 6만~7만 개 도시락을 당일에 제조해 낮 12시까지 배달하는 게 정말로 가능한 일입니까?"

"인력난에 허덕이는 제조 현장에서 유독 다마고야에 인재가 모이는 이유는 무엇입니까?"

"어떻게 하면 다마고야처럼 직원이 주인 의식을 가지고 의욕적으로 일할 수 있습니까?"

사람들을 만날 때 흔히 듣는 질문들이다. 참고로 나는 아버지에게 가업을 이어받은 2대 경영인이다. 그래서인지 요즘은 중소기업의 성공적인 사업 승계에 대한 질문을 받는 일도 부쩍 늘었다. 이 책에는 이 모든 질문에 대한 내 나름의 답변이 담겨 있다.

기술 혁신이나 업무 방식 개혁 등 노동 환경이 급변하면서 중소기업은 커다란 변혁기를 맞이했다. 다마고야 내부의 상황만 보아도 판매량이 늘면서 프랜차이즈화나 전국 진출을 제안하는 목소리가 커졌다. 하지만 이에 대한 내 대답은 "No"다.

나는 다마고야가 중소기업의 성공 사례로 남기를 바란다. 국가 경제를 든든하게 지탱해 주는 것은 예나 지금이나 견실한 중소기업이라고 믿기 때문이다. 다마고야의 경영을 소개하는 이 책이 중소기업 경영자와 그곳에서 일하는 사람들에게 도움이 된다면 그 이상의 기쁨은 없을 것이다.

차례

제1부
스탠퍼드가 주목한 비즈니스 모델

제1장 작은 기업이 이뤄 낸 규모의 경제
: 하루 최대 7만 개 생산의 비밀

제2부

사업을 키운다는 것

숫자로 보는 다마고야

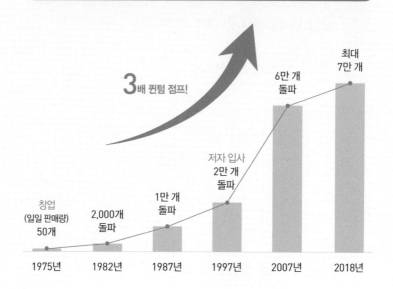

3배 퀀텀 점프!

창업
(일일 판매량)
50개

2,000개
돌파

1만 개
돌파

저자 입사
2만 개
돌파

6만 개
돌파

최대
7만 개

1975년 1982년 1987년 1997년 2007년 2018년

연매출

90억 엔
(약 1,000억 원)

일일 판매량

70,000개
(업계 평균 3,000개)

배송 지역

도쿄도 23구 중 15구,
가나가와현(가와사키시, 요코하마시) 일부

도쿄도

가나가와현

B2B 계약 업체

5,000여 곳

하루 배송처

10,000여 곳

직원 수

600여 명

(파트타임 포함)

배송 경로

160개

(20개 배송반, 185대 배송차)

도시락 가격

450엔

(약 5,000원)

메뉴 구성

1 메인 메뉴/1일

(반찬 7~8개)

원가율

53%

(업계 평균 40~42%)

폐기율

0.1%

(업계 평균 3%)

제1부

스탠퍼드가 주목한
비즈니스 모델

작은 기업이 이뤄 낸 규모의 경제

:하루 최대 7만 개 생산의 비밀

• 단 하나의 상품으로 매출 1,000억을 이루다 •

도쿄 도심에서 일하는 직장인이라면 샛노란 병아리가 그려진 하얀색 배송차를 심심찮게 목격했으리라. 그 차량을 운행하는 회사는 450엔짜리 도시락을 하루 6만~7만 개 배달하는 다마고야다.

다마고야는 1975년 창업한 회사로, 나는 27세가 되던 1997년에 입사했다. 아버지가 만들고 성장시킨 회사를 물려받을 생각이 눈곱만큼도 없었지만 운명처럼 경영을 맡게 되었다. 당시 사업 규모는 1일 2만 개를 넘나드는 정도였는데 내가 입사한 뒤부터 매년 순조롭게 배달량을 늘려서 10년 후인 2007년에 6만 개를 돌파했다.

현재는 최대 7만 개의 도시락을 판매하는데, 이 수치는 어느 정도일까? 도쿄 돔의 수용 인원은 약 4만 6,000명, 콘서트를 열면 5만 명이 넘는 사람들이 모인다. 도쿄 돔을 가득 채운 사람들에게 도시락을 하나씩 나눠 준다고 해도 2만 개가 남는 셈이다. 대형 편의점 도시락이나 전국 단위로 판매하는 프랜차이즈 도시락 업체의 판매량에는 비할 바가 못 되지만, 미리 만들어 놓은 도시락이 아닌 주문을 받고서 그날 만들어 배달하는 도시락 전문점에서 하루 7만 개는 독보적인 판매량이다.

다마고야는 도쿄 23구 중 15구에 도시락을 배달한다. 오타구, 고토구, 시나가와구, 시부야구, 다이토구, 추오구, 치요다구, 분코구, 미나토구, 메구로구, 에도가와구, 신주쿠구, 스미다구, 세타가야구, 나카노구의 일부가 이에 해당한다. 도쿄 외에 가나가와현의 가와사키시(나카하라구, 사이와이구, 가와사키구의 일부)와 요코하마시(쓰루미구, 니시구, 나카구, 이소고구, 가나가와구, 고호쿠구, 가나자와구의 일부)에도 배달한다. 고객으로 등록된 사업소는 약 5,000곳이고 배송차가 도시락을 운반하는 곳은 사무실과 공장, 관청 등 1만여 곳에 이른다.

현재 매출액 규모는 단일 메뉴 도시락으로 연간 70억 엔, 다마고야 그룹의 전체로는 연간 90억 엔(약 1,000억 원)에 달한다.

많은 사람이 내게 묻는다.

"단일 상품만으로 꾸준히 매출이 증가하는 비결은 무엇입니까?"

짐작건대 이 책을 펼친 독자 여러분도 비슷한 궁금증을 갖고 있을 것이다. 지금부터 그 비결을 낱낱이 공개하고자 한다.

• 놀라운 속도의 비밀, 1일 1메뉴와 기계화 •

다마고야는 1일 1메뉴가 원칙이다. 이를 고수하는 데는 그만한 이유가 있다. 우선 단일 메뉴이므로 대량 제조가 수월하고 갑작스러운 수요 변동에도 발 빠른 대응이 가능하다. 아울러 대량으로 식자재를 납품받으면 그만큼 단가가 낮아진다. 같은 가격이라도 보다 양질의 식자재를 사용하게 되므로 비슷한 가격대 상품보다 경쟁력이 높아지는 셈이다.

도시락은 도쿄 오타구에 있는 공장(제1공장, 제2공장, 라이스 센터)에서 만든다. 전날 사전 작업을 해 두는 경우도 있지만 도시락 공장은 당일 오전 4시부터 가동하는 게 원칙이다. 오전 2시에 직원 10명이 출근해 식자재를 확인하며 품질 검사를 한 뒤 도시락 사전 준비에 착수한다. 4시가 되면 조리 및 취반 담당 직원 약 50명이 출근해서 본격적으로 도시락 생산을 시작한다.

정오까지 6만~7만 개의 도시락을 완벽하게 배달하는 또 다른 비결은 기계화다. 다마고야는 적극적으로 기계를 도입해 자동화와 효율화를 도모해 왔다. 특히 반찬 조리는 일찌감치 기계화를 추진해 채소 자르기, 튀기기, 굽기 등 갖가지 조리 과정에 기계를 사용한다. 덕분에 제1공장에서 5만 개, 제2공장에서 2만 개로 합계 최대 7만 개 반찬을 세 시간 내에 생산할 수 있는 시스템을 갖췄다.

밥 역시 취반기로 짓는데 스위치만 누르면 쌀 씻기부터 밥 짓기까지 원스톱으로 이루어진다. 밥을 담당하는 라이스 센터에서는 한 시간에 1만 8,000개의 1인용 밥이 만들어진다. 이는 편의점에 도시락을 도매하는 업체가 보유한 취반기와 비슷한 규모인데, 이 취반기를 24시간 풀가동하면 무려 30만 개의 밥을 생산할 수 있다. 참고로 다마고야는 하루 서너 시간만 취반기를 가동한다.

• 수요 예측을 바탕으로 한 사전 작업 •

조리 및 취반 담당 직원들은 새벽 4시에 출근하지만 아직 그날의 주문은 제로다. 오전 9시가 되어야 비로소 주문이 들어오기 시작하기 때문이다. 이는 실제 주문량을 모른 채 밥과 반찬을 만들기 시작한다는 의미다. 그렇다고 무턱대고 도시락을 만드는 건 아니다. 전날 직원들이 회의를 통해 다음 날 수요를 예측하고 산출한 수요량을 기반으로 먼저 도시락을 만들기 시작한다.

수요량은 날짜나 요일 등에 따라 수천 개가량 차이가 난다. 하지만 기본적인 수요량은 천재지변이 없는 한 하루에 5만 5,000개를 밑도는 일은 거의 없다.

다 된 밥은 뜸을 들인 후 자동 배식기를 통해 밥 용기에 1인분씩 담긴다. 첫 번째 밥이 용기에 담기는 시각은 대략 오전 6시 30분이다. '고객이 점심을 먹을 때쯤이면 서늘한 밥이 되지 않을까?' 하는 걱정을 할 필요는 없다. 보온 효과가 뛰어난 발포 스티로폼 상자로 운반하므로 고객은 따끈따끈한 밥을 먹을 수 있다.

도시락 용기에 반찬을 담는 작업은 기계가 소화하기 어려워 수작업으로 진행한다. 가장 빨리 완성된 반찬을 담기 시작하는 건 대략 오전 6시 30분이다. 6시에 출근한 반찬 담당 직원들이 일사천리로 반찬을 용기에 담는다.

반찬을 담은 도시락이 흘러나오는 레인은 총 세 개다. 편의점에 도시락을 공급하는 도시락 업체의 공장은 일반적으로 한두 줄이므로 다마고야 공장은 다른 도시락 공장보다 두세 배 많은 도시락을 생산하는 셈이다. 반찬이 레인에서 나오는 속도도 다른 도시락 공장의 배 이상이다. 빠른 속도로 많은 양의 반찬이 쏟아져 나오므로 반찬을 담는 직원들의 손놀림은 기계 못지않게 빠르고 정확하다.

담기 작업은 전체적인 리듬이 생명이다. 그래서 숙련도에 따라 직원들을 세 레인에 나눠 배치한다. 가장 숙련도 높은 레인은 메이저리그, 그다음 단계는 마이너리그, 가장 낮은 단계는 유소년리그 격인데 숙련도가 올라가면 메이저리거가 되고 시급도 당연히 오른다. 메이저리거급 프로 중에 젊은 직원은 찾기 힘들다. 20~30년 근속 근무를 해 온 직원이 대부분이다.

일본의 대표적인 중소기업 밀집 지역이자 공장 지대인 오타구는 손재주 뛰어난 장인이 많기로 유명한 동네다. 정밀한 기계처럼 일사불란하게 움직이는 직원들 모습에서 대대로 이어져온 오타구 주민의 장인 정신이 느껴진다.

레인 하나에서 나오는 반찬을 1분간 도시락 용기에 담는 수는 평균 100개다. 레인은 총 세 개가 있으니 1분간 만들어지는 반찬 도시락은 300여 개다. 10분에 3,000개, 한 시간에는 1만 8,000개이므로 세 시간에 5만 개는 너끈히 맞출 수 있다. 이런 식으로 전날 예측한 수요량만큼 밥과 반찬을 오전 9시 30분까지 준비해 둔다. 9시 이후에 본격적으로 주문을 받기 시작하면 날씨와 주문 상황을 실시간으로 체크하면서 부족분은 납품 업체에서 신속하게 재료를 공급받아 수요를 맞춰 나간다.

◦ 대량과 소량 생산이 모두 가능한 비밀 ◦

예측한 수량의 도시락이 완성될 9시 무렵부터 전화, 팩스, 인터넷으로 도시락 주문이 들어오기 시작한다. 오전 9시에 출근해 주문 접수를 담당하는 콜센터 직원은 90여 명이다.

다마고야 콜센터 사무실에는 전화 100대, 팩스 70대를 갖추고 있다. 9시가 넘자마자 수시로 주문이 들어오기 시작해서 피크타임인 9시 30분부터 10시 30분 사이에는 그야말로 전화와 팩스에 불이 난다. 상담원들은 눈코 뜰 새 없이 분주한 와중에 침착하게 주문을 받으며 주문량을 집계해 나간다. 참고로 인터넷 주문은 전체의 10퍼센트 정도다.

도시락 수요와 공급을 맞추기 위해 상담원과 배송 기사는 실시간으로 정보를 공유한다. 회사에 설치된 전화는 걸려 오는 전화번호로 배달 경로를 알 수 있도록 설정되어 있으며, 배송반마다 담당 상담원이 지정되어 있다. 하지만 막상 정신없이 전화가 울리기 시작하면 담당자를 찾을 여유는 없는 게 사실이다.

상담원이 받은 주문은 배송 경로별로 분류되어 각 배송반에 전달된다. 더러는 주문한 내용을 취소하거나 변경하는 일도 생긴다. 이럴 때도 상담원은 신속하고 정확하게 처리한다. 주문을 집계하는 직원은 시시각각 들어오는 주문량과 전날 회의를 통해 결정된 예측 수량을 비교해 가며 당일 주문량을 가늠한다. 고객의 주문량을 집계해 예정보다 많아질 것 같으면 대기하고 있는 조리·취반 직원에게 추가 주문을 넣는다. 때로는 날씨나 요일 등의 요소를 감안해 추가 주문이 들어오기 전부터 공장에서 여유분을 생산해 놓기도 한다.

다마고야는 재고율을 낮추기 위해 예측한 수량보다 약간 부족한 정도로 식자재를 새벽에 조달해 도시락을 생산한다. 오전 9시 이후에 주문을 받으면 부족한 분량의 식자재를 추가로 조달한다. 주문량이 예측 수량을 크게 웃돌지 않는 한, 추가 주문은 작은 단위로 여러 번 나눠서 들어간다. 보통은 수백 개 단위로 추가 주문을 내지만 100개 단위가 되는 일도 다반사다.

이런 시스템은 재고를 낮추는 데는 기여하지만 갑작스러운 주문 폭주 등으로 식자재가 부족해지면 주문에 대응하지 못한다는 위험도 있다. 다마고야는 이를 대비해 추가분 반찬을 15~30분 이내에 납품업체에서 공급받을 수 있는 체제를 구축했다. 덕분에 아무리 주문이 폭주해도 최대 30분 안에는 반찬을 납품받아 도시락을 생산해 낸다. 덧붙이자면 반찬은 단시간에 추가 생산이 가능하지만, 밥은 쌀을 불리고 짓고 뜸을 들이는 데 최소한 40분은 걸리므로 처음부터 예상보다 많은 양을 해 둔다.

이런 식으로 아침부터 실시간으로 콜센터와 연락을 주고받으며 반찬과 밥 추가분을 만든다. 마지막 추가 주문이 들어오는 건 오전 10시 30분. 이 주문을 끝으로 반찬은 오전 11시가 되기 직전에, 밥은 11시 10분에 마무리되고 그날의 도시락 만들기는 완료된다.

다마고야는 어떻게 하루에 도시락 7만 개를 만들까?

AM 02:00

식재료를 확인하고 손질한다.
수작업으로 진행되는 단계다.

AM 04:00

고로케 등 조리된 반찬을
대형 상자에 담는 데
한 시간가량 걸린다.

AM 06:30

1인분씩 자동으로
보온 용기에 밥을 담는다.

AM 06:30

도시락 용기에 반찬을 담는다.
이때는 그날의 주문량을 알 수 없으므로
최소 수량만 만든다.

AM 09:00

주문 전화를 받기 시작한다.
주문량을 신속히 집계해
생산부서와 공유한다.

AM 10:30

마지막 주문을 받고
추가분을 만든다.
11시 10분에 생산 마감한다.

제2장

애자일 시스템을 배송에 적용하다

: 세 시간 만에 1만여 곳에 배송

• 변동성에 빠르게 대처하는 시스템을 만들어라 •

다마고야가 오전 9시에 주문을 받아 낮 12시까지 7만 개 도시락을 배달한다고 하면 많은 사람이 믿을 수 없다는 반응을 보인다. 교통 체증으로 악명 높은 도쿄 도심에서 이는 가히 '미션 임파서블'에 가까운 게 사실이다. 그런데도 이것이 가능한 것은 다마고야만의 독자적인 배송 시스템 덕분이다.

뒤에 자세히 설명하겠지만 요약하자면 이렇다. 배달 지역을 원거리, 중거리, 근거리의 세 개 권역으로 나눈다. 그런 다음 각 지역을 담당하는 배송 기사들끼리 긴밀하게 소통하는 시스템을 구축해 수요에 탄력적으로 대응한다.

원거리 지역의 배송차는 주문을 받기 전인 오전 8시에 예측한 수요를 토대로 도시락을 싣고 출발한다. 중거리 지역의 배송차는 그보다 늦게 출발하고, 일정 간격을 두고 마지막 근거리 배송차가 뒤를 잇는다. 원거리 지역의 배송차에서 도시락이 남거나 부족하면 같은 구역의 중거리 배송차에 실시간으로 연락을 취해 초과분은 넘겨주고 부족분을 넘겨받는다. 마찬가지로 중거리 배송차에 초과분이나 부족분은 같은 구역의 근거리 배송차가 조정해 준다.

이러한 배송 시스템은 내가 다마고야에 입사하기 전부터 정착된 것으로 한 치의 오차 없이 도시락을 배달하는 비결이다. 입사 전에 배송차에 동승해 도시락 배달을 체험한 적이 있는데 특별한 기술에 의존하지 않으면서도 복잡한 배송 체계를 효과적으로 운영하는 모습에 감탄이 절로 나왔다.

당시 '리버조'라고 적힌 배송차가 한 대 있었다. 동행한 배송 기사에게 물어보니 '리버사이드'라는 건물 전용 배송차라는 답이 돌아왔다. 리버사이드 건물에서 종종 예상치 못한 주문 물량이 들어올 때가 있어 리버조 한 대에 여분의 도시락을 쌓아 두고 부족분이 발생하면 실시간으로 보충해 준다는 것이다.

늘 주문이 폭주하는 건 아니므로 재고가 남는 일도 있다. 그럴 때는 리버사이드 건물 근처에 위치한 자동차 운전면허 학원 매점에서 즉석 판매를 한다고 했다. 이처럼 직원들은 재고율을 낮추고자 융통성을 발휘해 발 빠르게 대처하고 있었다.

이들의 순발력에 감탄하는 한편, '리버조처럼 민첩하게 과부족 상황에 대처하는 예비차량을 더 늘리면 어떨까' 하는 생각이 들었다. 원거리 구역, 중거리 구역에도 예비차량을 투입하면 배송 효율과 정확도가 보다 올라갈 거라고 확신했다.

결과는 성공적이었다. 예비차량을 추가로 배치하자 수요와 공급 대처 능력이 현저히 향상되었다. 내가 입사할 당시 배송 경로는 40여 개에 불과했지만 사장으로 취임한 무렵에는 판매량이 증가해 경로가 100개까지 늘어났다. 그런데도 배송 시스템에 과부하가 걸리지 않은 건 예비차량의 활약 덕분이다.

• 고객 수보다 서비스 품질을 우선하라 •

이런 배송 시스템으로 다마고야는 5,000여 회사의 1만여 사무실에 오차 없이 도시락을 배송한다. 규모 있는 기업에서는 하루 1,000개를 주문하는 경우도 있다. 또한 텔레비전이나 잡지 등 미디어에서 다마고야를 취재하는 기회가 많아지면서 전화나 인터넷으로 다마고야 도시락을 먹고 싶다고 요청하는 사람이 부쩍 늘었다.

그러나 안타깝게도 이들 모두에게 다마고야 도시락을 제공하지는 못한다. 다마고야 고객이 되려면 직원과 인터뷰를 한 뒤 본사의 검토 과정을 거쳐야 한다. 여기에 소요되는 시간은 일주일 정도다. 우선 다마고야 배송 기사가 도시락을 받을 장소를 방문해 사무실 위치와 배달 경로, 하루 주문량을 확인한다. 본사에서 이 정보를 바탕으로 기존 고객의 공급과 배송에 부담이 가지 않는 선에서 적합하다는 판단이 내려지면 최종적으로 거래를 체결한다.

다마고야 도시락을 주문하려면 최소 수량 열 개를 맞춰야 한다. 물론 예외는 있다. 소규모 사업장에서 하루에 다섯 개만 주문하더라도 건물 내 다른 사무실에서 주문을 받아 부족분을 채운다면 가능하다. 하지만 주문량이 열 개 미만인데 같은 건물 사무실에서 부족분을 메꿀 수 없거나 주문량이 열 개를 넘어도 기존 배달 경로에서 많이 벗어난 위치에 있다면 정중히 거절한다. 배달량을 늘리는 데 급급해 신규 고객의 주문을 모두 받으면 기존의 배송 시스템이 무너질 수 있기 때문이다.

배달량이 늘어나면 할당량이 많아진 배송 기사가 시간에 쫓기게 된다. 그러면 서비스의 질이 떨어지고 제시간에 도시락을 배달하지 못할 가능성도 커진다. 이는 고스란히 기존 고객의 피해로 이어지고 대대적인 이탈을 불러올 수 있다.

배송 기사를 늘리면 어떨까? 그러면 인건비가 증가하므로 식자재에 투자하던 자금 비중이 줄어들어 도시락 내용물이 부실해진다. 다마고야가 신규 고객을 유치할 때 현재 도시락 수준과 기존 고객에게 제공하는 서비스가 그대로 유지될 수 있는가를 최우선으로 고려하는 이유다.

　다마고야는 고객을 늘릴 때 신중하게 여러 절차를 거친다. 하지만 일단 계약을 맺으면 최고의 도시락과 서비스를 제공하기 위해 최선을 다한다.

· 시간차 배송의 혁신 ·

다마고야의 도시락 배달 지역은 신주쿠·시부야·에비스 방면, 고탄다 방면, 오모리·시나가와를 관통하는 사이드 국도 15호 방면, 시바우라에서 긴자 방면, 오타구에서 가와사키 방면, 조난지마·게이힌지마·헤이와지마 등의 공업 지대, 황궁의 동부, 니시카사이에서 오다이바 방면 그리고 요코하마 방면으로 크게 아홉 개 권역으로 나뉜다. 그리고 이 권역은 도시락을 생산하는 공장과의 거리를 기준으로 원거리, 중거리, 근거리 세 개 지역으로 다시 나뉜다. 아홉 개 권역에는 총 20개 배송반이 배치되어 도시락을 배달하는데 배송 경로는 160개 정도다.

　2018년 현재 다마고야는 185대의 배송차와 200여 명의 배송 기사를 보유하고 있다. 보통은 리더 한 명과 직원 여섯 명이 한 반을 이룬다. 리더 격인 반장은 다마고야 자회사의 CEO나 다름없다. 그런 만큼 다마고야는 반장에게 큰 책임과 권한을 부여한다. 반장은 배달이 순조롭게 이루어지도록 방법을 고안하고 다른 반과 협력해 정오까지 완벽하게 도시락을 배달하도록 최선을 다한다.

교통체증으로 유명한 도쿄 도심지 1만여 곳에 7만 개의 도시락을 정확히 배송하는 게 어떻게 가능할까? 고객의 주문은 당일 오전 9시부터 시작되지만 한 번 주문한 뒤에 수정 요청이 들어오는 경우도 있으므로 모든 주문이 완료되는 건 오전 10시 30분이다. 주문을 받고 나서 배달을 시작하면 세 시간 후인 12시까지 모든 사무실에 배달을 할 수가 없다.

그런데 다마고야는 어떻게 이것을 가능하게 만들었을까? 비밀은 바로 배송 지역 인근에 미리 물량을 확보해 두는 전략에 있다. 신주쿠, 가사이, 고토 일대 등 원거리 지역을 담당하는 배송차는 주문을 받기 전인 오전 8시부터 예측한 수요량만큼 도시락을 싣고 출발한다. 그 후 중거리, 근거리 배송차가 추가분을 싣고 순차적으로 출발하고 10시쯤에는 대부분의 배송차가 뒤이어 출발한다. 10시가 지나면 마지막으로 예비차량이 출발한다.

원거리 배송차는 9시 30분에서 10시쯤에 목적지 근처에 도착해 대기한다. 이때 실시간으로 원거리 담당 배송 기사에게 담당 지역의 확정 주문 수량을 알려주는 건 콜센터 직원의 몫이다. 배송 기사는 수량을 확인한 뒤 10시가 지나면 사무실에 도시락을 배달하기 시작한다. 고객은 깜짝 놀랄 수밖에 없다. 주문을 넣고 불과 몇 분이 지나자마자 도시락이 도착하니까. 신기에 가까운 묘기처럼 보이지만 다마고야의 독자적인 배송 시스템 덕분에 가능한 것이다.

· 시스템 설계보다 인재 경영이 먼저인 이유 ·

원거리 배송차가 예측 수요량을 토대로 도시락을 싣고 출발한다면, 주문이 확정된 후 초과분과 부족분은 어떻게 조정할까?

남거나 부족한 수량은 원거리 지역보다 뒤늦게 출발한 중거리 배송차가 조정한다. 참고로 중거리 지역에 할당된 배송차가 출발하는 시각에는 이미 그날의 주문량은 거의 정해져 있다. 원거리 배송차를 만난 중거리 배송차는 초과분은 회수하고 부족분은 보충해 준다. 마찬가지로 중거리 배송차의 초과분이나 부족분은 근거리 배송차가 조정한다. 이런 식으로 원거리 지역부터 완벽하게 도시락을 배달하면서 중거리, 다음은 근거리 순으로 도시락 수요에 대처하고 배달 시간을 단축시킨다.

원거리, 중거리, 근거리 배송차로도 수요량을 맞추기 어려울 땐 어떻게 할까? 12대의 예비차량을 출동시켜 부족분을 보충한다. 배송 기사가 도시락 수량을 착각하거나 통신 장애로 연락이 두절되거나 갑자기 주문량이 변경되는 등 돌발 상황은 언제나 생기기 마련이다. 예비차량은 이러한 긴급 상황에 민첩하게 대처한다.

다마고야 배송 체계를 대략 설명해 보았다. 주문에서 배송까지 도시락 생산을 제외한 모든 과정이 철저히 인간의 경험치와 감感으로 이루어진다. 글로 읽으면 일사분란하게 움직이는 정예부대의 이미지가 떠오르겠지만 실상은 상당히 복잡하고 더러는 산만해 보이기까지 하다. 배송 기사들마다 휴대폰으로 분주하게 연락을 취하며 그때그때 임기응변을 발휘해 대응하기 때문이다.

반입 경로나 도시락 보관 장소 등 사무실마다 상황이 다르므로 배송 기사의 긴밀한 대응력은 필수다. 기본적인 경로는 정해져 있더라도 배송 기사가 정확한 배달을 위해 융통성과 순발력을 발휘해 신속한 판단을 내린다. 배송 과정에서 기사들의 직관에 의존하는 부분이 많은 만큼 대응책을 매뉴얼로 만들기 어려운 것도 사실이다.

원거리 지역 배송차는 긴급한 사태가 발생하지 않는 한 중거리 배송차와 근거리 배송차 선에서 부족분을 보충받는다. 때에 따라서는 예비차량까지 출동할 때도 있지만 이는 극히 드물다. 마지막 예비차량이 11시 20분에 출발해 임무를 다하면 12시에는 모든 도시락이 사무실에 도착한다.

다마고야는 어떻게 10분 만에 배달할까?

배송 부서의 조직도.
현재 20반이며 멤버는 탄력적으로 배치된다.

AM 08:00

원거리 지역
배송차 출발.
9시 반에 주문한
고객은 10분 만에
도시락을 받는다.

AM 10:00

중거리, 근거리
지역 배송차 출발.
한꺼번에 출발하면
차가 막히므로
시간차를 둔다.

AM 11:20

마지막
예비차량 출발.

제3장

원 아이템
비즈니스의
경쟁력

: 원가율 53퍼센트로 이익을 내는 법

• 여성 고객을 공략한 제품 브랜딩 •

은행에서 근무하던 시절, 여러 대기업과 중소기업과 교류하면서 '산포요시' 정신을 배웠다. 이는 일본의 3대 거상으로 일컬어지는 오우미(지금의 시가현) 상인들의 경영철학으로 유명한 말인데, 현대 기업에 적용하자면 직원과 고객을 만족시키고 더 나아가 사회에 기여한다는 뜻으로 이해할 수 있다.

　은행원으로 일할 때 우연히 다마고야의 결산서를 본 적이 있다. 그때 처음으로 다마고야가 산포요시를 실현하는 회사임을 깨달았다. 많은 고객을 만족시키면 도시락 판매량이 늘어난다. 판매량이 늘어나면 직원도 일할 맛이 난다. 고객이 만족하고 직원이 열심히 일하면 회사 매출은 점점 올라간다. 늘어난 이익은 양질의 식자재와 직원 복지에 투자해 고객과 직원의 만족도가 더욱 높아지는 선순환이 이루어진다. 회사가 흑자 경영을 이루면 꼬박꼬박 세금을 많이 내니 국가 경제에도 보탬이 된다.

다마고야의 산포요시 정신을 더욱 갈고닦아 다마고야를 한 단계 성장시키고 싶었다. 고객이 더욱 기뻐하고 직원이 더욱 신바람 나게 일해서 견실한 기업으로 성장해 나가는 회사, 그런 회사를 만들고 싶었다. 그러기 위해 가장 먼저 착수한 일은 메뉴 개혁이었다. 이전 마케팅 회사에서 근무할 때 2년 동안 다마고야 도시락을 먹으면서 느꼈던 문제점을 개선해 새로운 개혁안을 내놓았다.

다마고야 도시락은 맛있다. 하지만 매일 먹을 정도는 아니다. 왜일까? 다마고야 도시락은 날마다 메뉴가 바뀐다. 일례로 햄버그스테이크가 그날의 메인 반찬이면 소스는 데미그라스 단 하나다. 사이드로 곁들이는 스파게티 종류도 미트소스 스파게티와 나폴리탄 스파게티 단 두 종류뿐이다. 이건 다마고야만이 아니라 당시 모든 도시락이 마찬가지였다. 맛보다는 양으로 승부하는 도시락, 그저 위장을 채워서 포만감을 느끼는 게 최우선인 도시락, 굳이 말하자면 남성이 선호할 만한 도시락이 압도적으로 많았다.

여성이 선호할 만한 메뉴를 만들어야겠다고 생각했다. 허기를 때우기 위해 허겁지겁 도시락을 먹는 남직원의 모습을 본 동료 여직원이 자신도 먹고 싶어 할 가능성이 얼마나 될까. 하지만 여직원이 맛있게 도시락을 먹는 모습을 보면 남직원도 먹고 싶어 한다.

다마고야가 꾸준히 판매량을 늘려온 데는 공장에서 일하는 노동직만이 아니라 회사에서 일하는 사무직에도 호평을 받은 점이 주효했다. 앞으로도 사무직 고객의 주문을 늘리려면 여성에게 어필할 만한 메뉴 개선은 필수였다.

여성 고객을 공략하기 위해 다마고야는 메뉴 다양화를 실시했다. 햄버그스테이크 소스와 스파게티 재료를 늘렸고, 건강을 위해 채소가 듬뿍 들어간 메뉴를 개발했으며, 튀김옷은 최대한 얇게 만들어 위에 부담을 줄였다. 보기 좋은 떡이 먹기도 좋다고 반찬 포장과 음식 색상에도 각별히 신경을 썼다.

생선 토막 크기도 고심했다. 몸통 부분과 꼬리 부분은 같은 크기라도 두께가 다르다. 운 나쁘게 꼬리 부분이 당첨되면 이만저만 실망이 아니다. 옆 직원이 두툼한 몸통 부분을 받았다면 불쾌감마저 느낄 수 있다. 따라서 자른 부분의 두께가 모두 같도록 자르는 데도 공을 들였다.

· 고객의 니즈를 충족시키는 메뉴 선정 ·

다마고야는 2주 치 식단을 한 달에 두 번 온라인으로 사전에 공지한다. 알찬 구성과 균형 잡힌 식단은 다마고야가 많은 고객에게 지지받는 요인 중 하나다. 1인분 도시락에는 메인 반찬과 사이드 반찬을 포함해 총 7~8개가 들어간다. 메인 반찬으로는 날마다 생선 혹은 고기가 포함되고 같은 메인 반찬이 한 달 사이에 다시 나오는 일은 없다. 같은 재료라도 조리법이나 양념을 바꾸는 등 다양한 식단을 제공하기 위해 끊임없이 연구한다. 반면 대다수 도시락 업체는 한 달분 식단을 미리 제공한다. 식단표를 나눠주는 수고를 덜고 조리 작업의 효율성을 높이는 데도 유용하기 때문이다.

이런 장점을 알면서도 다마고야가 굳이 2주라는 짧은 주기로 식단을 공지하는 이유는 무엇일까? 앞에서 언급했듯이 고객에게 최상의 도시락을 제공한다는 경영 철학을 실현하기 위해서다. 식단 주기가 길면 우연찮은 기회에 최상의 식자재를 발견해도 탄력적으로 대응하기 어렵다. 이미 공지한 메뉴를 마음대로 바꿀 순 없으니까. 하지만 2주 단위로 식단을 정하면 한결 대응이 수월하다. 시간이 촉박하더라도 최대한 좋은 식자재를 찾기 위한 전략이다.

일단 저렴한 식자재들을 구입한 뒤 도시락 메뉴를 정한다. 이것이 동종 업계의 일반적인 수순이다. 하지만 다마고야는 그 반대다. 고객이 좋아할 만한 메뉴를 두 달 치 계획한 다음, 이에 맞춰 식자재를 매입한다.

메뉴 선정은 오랫동안 아버지가 담당해 왔다. 사장이 메뉴의 기본적인 뼈대를 정하면, 이를 바탕으로 메뉴 회의에서 살을 붙여 결과를 보고하고 사장의 오케이 사인을 받으면 최종 메뉴가 결정된다. 1일 1메뉴를 고수하는 다마고야에서 메뉴 선정은 핵심 업무이자 창업 이래 사장의 고유 권한이었다.

자세한 내용은 밝히기 어렵지만, 다마고야에는 아버지와 나만이 공유하는 궁극의 메뉴 조합이 존재한다. '메인 반찬 ○○에 사이드 반찬 ○○를 조합하면 궁합이 기가 막혀서 밥이 술술 넘어간다'는 플러스 조합이 있고 '○○와 ○○를 조합하면 궁합이 형편없어 밥맛도 떨어진다'는 마이너스 조합도 있다. 타사에서 판매하는 값비싼 고급 도시락을 보면 반찬 하나하나는 호화롭지만 상호 궁합이 아쉬울 때가 있는데 살펴보면 예외 없이 마이너스 조합이다.

물론 메뉴 조합에 정답이란 없다. 무수히 많은 식자재의 수만큼이나 조합하는 경우의 수도 무궁무진하니까. 나는 어린 시절부터 다양한 음식 조합을 혀로 맛보며 미각을 단련해 왔다. 아버지가 자연스럽게 식사 때마다 가르친 덕분이다. 성인이 된 지금은 누구보다 미각이 예민해 메뉴 선정에 자신 있지만 당분간은 경영에 전념하고 싶기에 최측근 간부에게 메뉴 선정을 맡긴 상태다.

음식에 대한 감은 하루아침에 생기는 게 아니다. 나 역시 수십 년을 갈고닦아 일정 궤도에 올랐으니 말이다. 아버지는 몇 년 동안 메뉴 선정을 맡은 간부에게 노하우를 전수해 주었고 2018년이 되어서야 메뉴 선정을 그에게 일임했다.

· 거래처는 고정하지 않는다 ·

다마고야는 거래처를 고정해 두지 않는 것을 원칙으로 삼는다. 이역시 양질의 식자재를 확보하기 위함이다. 그래서 전국 방방곡곡에서 몰려든 수많은 식자재 업체들이 날마다 다마고야 본사를 문턱이 닳도록 방문한다. 생선 업자가 소금구이한 생선 토막을 가져오면 나와 구매 담당자가 시식해 본다. 맛이 있으면 생선에 적합한 조리법을 구상하고 도시락 반찬으로 어울린다는 판단이 서면 가격 협상에 돌입한다.

도시락 제조 업체 입장에서는 식자재 업체를 고정해 두면 여러모로 편하다. 장기 계약을 맺으면 큰 폭으로 할인을 받을 수도 있다. 하지만 그만큼 식자재 신선도는 떨어질 공산이 크다. 다마고야는 제철에 나오는 싱싱한 양질의 식자재를 사기 위해 특정 업체를 고정하지 않고 전국 각지의 식자재 업체들과 거래한다. 식자재를 선정하는 과정은 대단히 엄격하다. 일단 가격 협상에 들어가면 살벌한 신경전이 벌어지는 건 예사다. 아무리 좋은 식자재라도 과도하게 비싸다면 도시락 메뉴로는 적합지 않으니까.

다마고야 도시락은 일본 전국을 넘어 세계 각국에서 들어온 식자재로 만들어진다. 그렇다고 대기업처럼 독자적인 조달팀을 거느린 건 아니다. 대부분 중간 도매상에게 매입을 위탁한다. 다마고야가 채소 구매를 위탁한 업자는 아래로는 오키나와에서 위로는 홋카이도까지 일본 전국에 위치한 생산자들을 훤히 꿰고 있다. 덕분에 계절마다 싱싱한 제철 채소를 산지에서 직접 조달받는다. 업자에게 다마고야 메뉴 내용과 대략적인 주문량을 미리 전달하면 필요한 양만큼 납품받을 수 있는 것도 장점이다.

같은 양배추라도 오키나와에서 홋카이도까지 시기마다 싱싱한 산지가 다르므로 홈페이지에 "금일 사용하는 양배추는 아이치현 도요하시산입니다."라고 자세히 소개해서 양질의 식자재를 사용하고 있음을 홍보한다. 산지에서 수확한 양배추는 도매시장을 경유한 뒤 슈퍼 등 소매시장 매대에 진열되는 게 일반적이다. 이 과정이 일주일 정도 걸린다. 하지만 다마고야는 산지에서 구입한 양배추를 위탁업자가 직접 보내주므로 수확한 지 3일 후에는 도시락에 들어간다.

시중에 판매되는 도시락에 채썬 양배추를 본 적이 있는가? 거의 없을 것이다. 있어도 수분이 빠져나가 신선도가 떨어진 경우가 태반이다. 말라비틀어지거나 시들해진 채소는 보기에도 먹음직스럽지 않고 식감도 별로라 좀처럼 손이 가지 않는다. 하지만 다마고야 도시락에 담긴 채썬 양배추는 낮이 되어도 싱싱하고 아삭아삭한 식감이 살아 있다. 신선도가 좋기 때문이다.

채소 수입을 위탁한 업자들은 자체적으로 절임 공장을 가지고 있어 메뉴에 필요하면 배추나 나물을 하루 전에 절임으로 만들어 주기도 한다. 신선한 채소를 절여 다음 날 아침에 납품해 당일 도시락에 올라오는 것이다.

고기는 도시락의 메인 반찬이므로 각별히 공을 들인다. 본래 다마고야에 고기를 납품하던 업자가 피치 못할 사정으로 폐업하면서 대표가 다마고야 직원으로 입사했다. 누구보다 고기 산지 및 유통 경로에는 빠삭할 테니 그에게 고기 매입을 맡겼다. 고기만 자르는 공장도 세웠다. 일본을 비롯해 세계 각지에서 양질의 돼지고기나 닭고기를 들여오면 공장에서 메뉴에 맞게 고기를 잘라 조리 작업의 효율성을 높인다. 공장을 세워 식자재 유통 단계를 줄였더니 비용이 절감되는 동시에 신선도까지 유지하는 등 두 마리 토끼를 잡을 수 있었다.

생선은 주거래 도매상 세 곳을 통해 매입한다. 생선은 고기와 달리 위생 관리가 까다로워 생선을 자르는 공장을 세워 직접 가공하면 오히려 비용이 커진다. 차라리 신뢰하는 업자를 통해 소분, 가공 단계까지 거친 뒤에 납품받는 게 합리적이다.

언젠가 후쿠오카 해안에서 고등어가 30톤 잡혔다는 제보가 들어왔다. 당장 업자에게 연락해 현지로 출동하라고 요청했다. 매입 자금은 현금으로 선불 결제했다. 좋은 식자재가 나오면 군사 작전을 펼치듯 다급하게 움직여 확보한다.

요즘은 해양오염 및 무분별한 어획 탓에 일본 근해에서 맛있는 천연 생선을 잡기가 힘들어졌다. 이제 일본산 생선만으로 도시락 식자재를 소화하기엔 역부족이다. 다행히 냉동 보존 기술 및 수송 수단이 발달해 전 세계에서 맛있는 생선을 엄선해 매입하고 있다.

다마고야 도시락은 생선 반찬이 특히 맛있다는 평을 자주 듣는다. 시중에 파는 도시락 중에 생선은 연어, 고등어, 전갱이 정도가 대부분이지만 다마고야는 훨씬 다양하고 양질의 생선들을 제공한다. 연어(칠레·러시아), 전갱이·고등어(노르웨이), 임연수·붉돔(러시아·미국), 가자미(알래스카), 삼치·흑게르치·갈치(뉴질랜드), 꽁치·방어(홋카이도·나가사키), 대구(노르웨이), 참치(베트남), 오징어(페루) 등 일본 전역과 세계 각국에서 맛있는 생선을 들여온다.

2000년대 들어 식품 업계에서 수입산 쇠고기를 국산으로 둔갑해 판매하는 일이 잇달아 적발되면서 식자재 사기 사건이 사회문제로 떠올랐다. 이후에도 원산지나 유통기한을 속이는 행위가 빈번하게 발생했고 먹거리 안전에 대한 사회적 관심이 높아졌다.

식품 업계에서 교묘한 속임수는 비일비재하게 벌어지지만 당시만 해도 특별한 제재가 없던 상황이었다. 예를 들어 일본 동북 지방에서 '모우카'로 불리는 상어는 굽는 방법에 따라 참치 데리야키와

유사한 맛이 나서 이를 가져다 참치로 속여 파는 일이 많았다. 심해어를 은대구라고 속이는 일도 허다했다. 연어 도시락에 연어 대신 저렴한 무지개송어를 사용하는 것은 너무 흔해서 속임수 축에 끼지도 못할 정도였다.

식자재나 원산지 속임수는 당시 도시락 업계에 만연한 문제였다. 부끄럽지만 다마고야에서도 과거에 일부 미심쩍은 식자재가 사용된 적이 있다. 나는 다마고야에 입사한 뒤에야 업계에 횡행하는 실태를 알게 되었고 손님이 안심하고 먹을 수 있는 식자재 관리 시스템을 구축했다. 지금 바로잡지 않으면 언젠가 큰 화를 불러올 것임을 직감했기 때문이다. 원산지 표기를 꼼꼼하게 지킨 도시락 업체는 다마고야가 처음이었다.

• 더 많은 투자는 더 많은 수익으로 돌아온다 •

다마고야가 파는 도시락 가격은 450엔(약 5,000원)이고 원가율(판매 가격에서 원가가 차지하는 비율)은 2017년 기준 53퍼센트다. 이는 곧 도시락 하나에 드는 재료비가 238엔이라는 이야기다. 이것은 순전히 식자재비만 계산한 것으로 용기값과 물류비, 인건비 등은 포함되지 않은 수치다. 도시락 종류에 따라 원가율은 다르지만 일반적인 도시락 업계의 원가율 평균은 40~42퍼센트 정도다.

다마고야가 동종 업계보다 높은 원가율을 고수하는 이유는 아버지가 다마고야를 창업하면서 세운 경영 철학과 관련이 있다.

'고객에게 최상의 도시락을 제공한다.'

이 철학을 실천하고자 수익이 나면 양질의 식자재에 투자한다.

아버지는 평소에 이렇게 말씀하셨다.

"원가율을 낮춰서 이익을 내더라도 절반은 세금으로 나간다. 어차피 나갈 돈이라면 고객과 직원에게 환원하는 게 낫다."

전적으로 동감한다. 도시락 판매량이 6만 개가 넘으면 식자재 납품업체에 발언권이 높아져 원가를 깎을 수 있다. 그러나 다마고야는 기존 식자재의 원가를 낮추기보다 더 양질의 식자재를 실제 가격보다 저렴하게 조달받아 도시락의 품질을 높이는 데 주력한다.

원가율이 높은데 어떻게 수익이 날까? 이 역시 자주 듣는 질문이다. 답은 간단하다. 재료비 이외의 비용을 줄이면 된다. 다마고야는 일회용 용기가 아니라 반복 사용이 가능한 재활용 용기를 쓰거나 반찬을 담는 속도를 타사보다 곱절 이상 높이는 방식으로 비용을 절감해 왔다. 낭비를 없앰으로써 발생한 수익을 또다시 품질에 투자해 고객의 높은 재구매율로 이어지는 선순환을 만든 것이다.

배송 기사 한 명이 하루에 책임지는 도시락 수량은 350~450개로, 이 역시 다른 도시락 배달 업체의 곱절에 해당하는 수치다. 다마고야에는 영업부가 따로 없다. 배송 기사들이 도시락 배달을 책임질 뿐만 아니라 영업사원 역할까지 수행한다. 오전에 도시락을 배달한 뒤 오후에 다시 사무실을 찾아 빈 도시락을 회수하면서 기사들은 고객과 자연스럽게 대화를 나눈다. 그날 메뉴는 어땠는지, 새로운 메뉴에 대한 요청 사항은 없는지 등 고객의 생생한 반응을 수집한다. 이러한 정보는 다음날 주문량 예측 및 신규 고객 유치를 위해 요긴하게 활용된다.

만약 외부 기관에서 컨설팅을 받는다면 최대 7만 개 도시락을 생산하기 위해 현재 다마고야가 소유한 공장 부지와 설비, 인력의 세 배가 필요하다는 답이 나올 것이다. 그러나 다마고야는 이러한 상식을 뛰어넘었다. 설비든 인재든 회사의 자원을 효율적으로 활용한다. '최대한 낭비를 줄인다.' 이것이 다마고야가 높은 원가율에도 이익을 창출하고 양질의 식자재에 투자해 맛있는 도시락을 만드는 비결이다.

· 규모의 경제를 실현하다 ·

450엔짜리 도시락에 질 좋은 식자재를 듬뿍 사용하는 게 가능할까? 나는 자부한다. 아무리 까다로운 미식가라도 다마고야 도시락을 먹어보면 맛과 품질을 인정하리라고.

　다마고야가 양질의 식자재에 투자할 수 있는 비결은 하루 최대 7만 개라는 판매량에 있다. 요컨대 규모의 경제가 작용한다는 이야기다. 최대 7만 개 식자재를 대량으로 구입하면 가격이 대폭 할인된다. 2만 개, 3만 개, 5만 개… 도시락 판매량이 증가할수록 좋은 식자재를 합리적인 가격으로 구입할 수 있다. 반찬 수가 늘어난 것도 각각의 식자재 단가가 낮아진 덕분이다.

　다마고야 단골 메뉴인 고로케를 예로 들어 보자. 인기 메뉴인 소고기 고로케, 그라탕 고로케, 홋카이도산 감자 고로케는 냉동식품 업체와 공동 개발한 것으로 다마고야만의 독자적인 메뉴다. 한 달에 한 번 꼴로 고로케를 메뉴에 넣는다고 치자. 다마고야가 한 달에 사용하는 고로케는 최소 6만 개다. 냉동식품은 유통기한이 길기 때문에 5개월 치를 한꺼번에 사들이는데, 그러면 고로케를 총 30만 개 구입하는 셈이다.

　이 정도 물량이면 냉동식품을 납품하는 업체에서 다마고야의 자체 브랜드를 만들어 주고 할인 폭도 커진다. 비슷한 고로케를 타사에서는 한 개당 30엔에 구입한다면 다마고야는 25엔에 살 수 있다. 대형 도시락 업체라도 하루 평균 판매량은 3,000~5,000개다. 고로케 원가가 한 개에 20엔이라면 여기에 10엔을 보탠 30엔으로 가격을 책정해 5,000개를 팔더라도 납품 업체의 이익은 5만 엔이다.

그런데 다마고야에는 25엔에 공급하므로 고로케 한 개를 팔면 납품업체 이익은 고작 5엔에 불과하다. 하지만 6만 개를 판다면 이익은 30만 엔, 30만 개라면 150만 엔으로 껑충 뛴다. 냉동식품 업체 입장에서는 다마고야에 시중 가격보다 싼 25엔으로 팔아도 남는 장사인 셈이다. 압도적인 판매량으로 이익을 보장하기 때문이다.

경쟁업체는 식자재를 비싸게 구입하고 원가율은 40~42퍼센트인 반면 다마고야는 식자재를 값싸게 구입하고 원가율은 53퍼센트다. 애초에 식자재 구매 단가부터 차이가 나므로 원가율 차이 이상으로 다마고야의 도시락 품질이 월등히 뛰어날 수밖에 없다. 53퍼센트라는 다마고야 원가율은 단가 차이까지 감안하면 다른 업체의 60퍼센트 정도에 해당하는 수치인 셈이다.

식품업체와 제품을 공동 개발하면 또 다른 장점이 있다. 식자재의 세세한 가공까지 정할 수 있다는 점이다. 새우튀김을 생각해 보자. 슈퍼에서 파는 새우튀김이든 고급 레스토랑에서 파는 새우튀김이든 튀김옷은 60~65퍼센트에 내용물은 35퍼센트 정도가 기본이다. 그것보다 튀김옷이 얇아지면 튀길 때 찢어지거나 내용물이 손상돼 불량품이 생길 확률이 높다. 이는 곧 높은 재고율로 이어진다.

그러나 새우튀김은 원래 튀김옷이 얇아야 식감이 좋고 새우 본연의 맛을 느낄 수 있다. 그래서 다마고야는 튀김옷 50퍼센트, 내용물 50퍼센트로 비율을 맞춰 제품을 납품받는다. 납품 업체 입장에

서는 까다로운 요구일지 모르지만 우리의 요청을 수용하는 배경에
는 역시 높은 판매량이 있다.

• 최상의 품질을 위해서는 타협하지 않는다 •

다마고야 도시락 하면 많은 사람이 식감을 자극하는 알록달록하고
푸짐한 반찬을 떠올린다. 하지만 다마고야가 무엇보다 심혈을 기울
이는 부분은 바로 밥이다.

별것 아닌 메뉴인데 자꾸만 손이 가서 자기도 모르게 과식했던
경험이 있는가? 그건 밥이 맛있기 때문이다. 아무리 반찬이 맛있어
도 밥이 맛없으면 좀처럼 그릇을 비우기가 힘들다. 반대로 밥이 맛
있으면 반찬이 별로라도 술술 들어간다. 밥맛은 이처럼 도시락의
성패를 좌우한다. 하지만 안타깝게도 이 사실을 아는 도시락 업체
는 그리 많지 않은 듯하다. 반찬 구성은 화려하기 그지없지만 밥맛
은 평균에도 미치지 못하는 도시락이 너무도 많기 때문이다.

도시락 업체가 밥에 투자하려면 상당한 각오가 필요한 게 사실
이다. 밥은 도시락에 가장 많이 들어가므로 비싸고 질 좋은 쌀을 사
용하면 원가율은 올라갈 수밖에 없다. 그래서 가격을 절감할 때 대
부분 쌀의 원가를 낮춘다. 다마고야 역시 고객의 70퍼센트는 눈치

채지 못할 수준으로 쌀의 품질을 낮추기만 해도 연간 7,000만 엔에서 1억 엔의 이익이 생긴다.

쌀이야말로 모든 음식의 기본이자 도시락의 주역이라고 생각한다. 쌀은 절대 거짓말을 하지 않는다. 다마고야가 쌀에는 절대 타협하지 않는 이유이기도 하다. 매년 쌀을 구입하는 시기가 되면 심사숙고해서 좋은 쌀을 고른다. 최소한 전년도 쌀의 품질만큼은 유지하는 것이 철칙이다. 좋은 쌀이라면 예산이 허락하는 한 거래한다.

다마고야에 입사하기 전 조그만 마케팅 회사에서 근무했다. 쌀가게를 컨설팅해 주는 회사였는데 덕분에 일본에서 맛있다는 쌀은 다먹고 다녔다. 특A 지구 품종미는 물론이거니와 숨겨진 명품 쌀도 발굴했다. 그 회사에서 근무하며 얻은 쌀을 선별하는 안목과 생산자 인맥을 활용해 다마고야에서 쌀 도매업자에게 특정한 품종을 지정해 납품받고 있다.

"밥을 비교해 주십시오."

다마고야가 영업을 돌 때 가장 강력한 효과를 발휘하는 말이다.

2017년도에 햅쌀 가격이 10퍼센트 올랐다. 3년 연속 인상이었고 다마고야도 상당한 타격을 받았다. 그래도 쌀에 대한 고집은 꺾지 않았다. 고객에게 최고의 도시락을 제공한다는 경영 철학이 없었다면 자금 압박에 버티지 못하고 저렴한 쌀을 사용했을지도 모른다. 실제로 다수의 경쟁 업체가 그런 선택을 했다. 그랬더니 비싸고 좋은 쌀을 사용한 다마고야 도시락의 품질이 상대적으로 높아졌다. 당장 비싼 쌀을 구입해 손해를 본 것 같지만 결과적으로 고객 구매율이 높아졌으니 장기적으로 보면 득을 본 셈이다.

아무리 좋은 식자재를 고집하더라도 도매업자가 품질을 속일 위험은 항상 존재한다. 원산지를 속여서 판매한 일이 발각되어 뉴스에 등장해도 그때뿐, 워낙 업계에 만연된 문제라 간단히 해결될 일은 아니라고 본다.

나는 기본적으로 사람을 신뢰하지만 식자재에 관해서는 성악설을 믿는다. 아무리 믿고 거래해도 중간 단계에서 식자재의 질이 달라지는 일이 생기기 때문이다. 대표가 정직한 사람일지라도 담당자가 작정하고 속이면 어쩔 도리가 없다. 해외 업체에 위탁했더니 엉뚱한 식자재가 들어오는 일도 심심치 않게 생긴다. 식자재만큼은 지나치다 싶을 만치 꼼꼼하게 점검하는 이유다.

10년 전부터는 정기적으로 쌀의 품종별로 DNA 감정을 실시하고 있다. DNA 검사를 할 거라고 업자에게 넌지시 일러두면 함부로 장난을 치지 못한다.

다마고야의 다양한 메뉴들

치킨데리야키, 팔보채, 전갱이튀김, 미역양파무침,
감자맛탕, 무절임, 채썬 양배추

삼겹살파볶음, 알래스카가자미소테&타르타르소스, 어묵고로케,
콩비지샐러드, 시금치무침, 무절임, 채썬 양배추&드레싱

송이버섯밥과 꽁치구이, 채소굴튀김, 다마고야표 연두부, 단호박조림,
계란찜, 간무, 우엉조림, 배추절임

햄버그스테이크&버섯와인소스, 흰살생선튀김&타르타르소스,
계란후라이, 콥샐러드, 감자튀김, 곤약, 옥수수버터볶음

연어구이, 구운밤고로케, 미역줄기무침, 돼지고기가지볶음,
무·참치·칼리플라워샐러드, 오이절임, 채썬 양배추

버섯닭고기볶음, 크림소스오믈렛, 정어리튀김,
단호박샐러드, 머위나물볶음, 채썬 양배추

푸짐한 구성으로 단 450엔, 된장국 포함!

제4장

IT 없이 만들어 낸 수요 예측 빅데이터

: 재고율 0퍼센트와
 폐기율 0.1퍼센트가 가능한 비결

• 동종 업계의 30분의 1에 불과한 폐기율 •

환경부와 농림수산성의 2015년도 발표에 따르면, 일본에서 1년간 발생하는 음식물쓰레기는 약 2,800만 톤이라고 한다. 이는 세계적으로도 높은 수치로 일본 식량 소비량의 30퍼센트에 해당한다. 이 중에서 판매되지 않아 버리는 음식처럼, 먹을 수 있는데도 버려지는 이른바 '식품 재고'는 연간 646만 톤 이상이라니 심각한 수준이다.

식품 재고를 포함한 음식물쓰레기 최소화는 전 세계적인 식량문제와 환경문제와도 밀접히 연관된 과제다. 나 역시 요식업에 몸담은 사람으로서 음식물쓰레기 줄이기에 적극 동참하고 있다.

도시락은 일반 소비재와 달리 창고에 저장해 둘 수가 없다. 유통기한이 지나면 상하기 때문이다. 음식물쓰레기는 소나 돼지 등 가축 사료로 활용되는데 여기에는 1킬로그램당 45엔의 비용이 발생한다. 요컨대 팔리고 남은 음식을 처리하려면 여분의 폐기 비용을 지불해야 한다는 이야기다. 요식업계가 재고율에 민감하게 반응하는 이유다.

다마고야의 도시락 폐기율은 평균 0.1퍼센트다. 6만 개 도시락 중에 60개 정도가 폐기되는 셈이다. 동종업계의 평균 폐기율이 3퍼센트 정도임을 감안하면 실로 놀라운 수치가 아닐 수 없다. 어떻게 이런 일이 가능할까?

가장 큰 이유는 전날 직원회의를 통해 결정하는 수요 예측에 있다. 전날 예상한 수량이 실제 주문량에 근접할수록 재고는 줄어든다. 당일에 추가로 생산할 양도 줄어드니 작업이 수월해지는 건 덤이다. 반대로 예상한 수량이 크게 어긋나면 재고가 남아돌거나 부족분을 보충하느라 당일 작업에 과부하가 걸린다.

예상치가 실제 수요보다 웃돌든 밑돌든 모두 심각한 상황이지만 회사 입장에서는 전자가 훨씬 타격이 크다. 주문량보다 많은 도시락은 모조리 재고가 되어 폐기 비용까지 발생할 테니 말이다. 다행히 직원들의 정확한 예측력 덕분에 예상치가 실수요를 크게 웃도는 일은 1년에 손에 꼽을 만큼 드물다.

• 기본은 정확한 수요 예측 •

도시락 주문량은 요일이나 날짜에 따라 달라진다. 월요일은 6만 3,000~6만 8,000개, 화요일은 6만~6만 4,000개, 수요일과 목요일은 5만 9,000~6만 3,000개, 금요일은 많으면 6만 개, 적으면 5만 7,000개 정도다. 월요일과 금요일의 주문량 차이가 무려 1만 개에 달하니 변동 폭이 제법 큰 편이다.

월요일에 주문량이 가장 많은 이유는 무엇일까? 주말에는 지출이 많은 탓에 주초엔 허리띠를 졸라매는 직장인이 많기 때문이다. 이들은 외식 대신 도시락으로 점심을 저렴하게 해결한다. 반면 금요일에 주문량이 적은 이유는 무엇일까? 요즘은 탄력근무제를 실시하는 회사가 부쩍 늘었다. 주말이 가까워지는 금요일에는 점심시간에 사무실에 있는 직원 비율이 상대적으로 낮다. 오후에 고객이나 거래처를 만나고 퇴근하거나 오전 중에만 근무하고 퇴근길에 점심을 먹는 식이다. 금요일에 휴가를 내서 일요일까지 연달아 3일을 쉬는 직원들도 적지 않다. 이것이 바로 금요일에는 다른 요일보다 판매가 저조한 이유다.

날짜도 주문량에 영향을 준다. 매월 5와 10의 배수가 되는 날은 대다수 기업의 결제일이다. 청구서나 영수증 등 사내에서 처리할 서류 업무가 많아지면 덩달아 도시락 주문이 늘어난다. 월급날은

25일에서 30일 사이가 일반적이므로 20일이 지나면 도시락 판매량이 늘어난다. 월급날에 가까워질수록 수중에 돈이 바닥나면서 긴축 경영에 들어가기 때문이다. 반면 월급날 후에는 넉넉해진 주머니 사정으로 외식을 하려는 사람이 늘어나므로 주문이 줄어든다.

날씨도 주문량을 좌우하는 요인이다. 날씨가 좋으면 회사 밖으로 나가 먹으려는 사람이 많아진다. 그만큼 도시락 주문량은 줄어든다. 반대로 비가 많이 올수록 우산 쓰고 밖에 나가기 귀찮아지니 도시락 주문이 늘어난다. 그래서 비가 오거나 바람이 부는 등 날씨가 좋지 않거나 밖에 나가기 힘들 만큼 덥거나 추우면 주문량이 늘어난다.

이 모든 조건을 조합해 보면 월급날 전인 월요일, 비 오는 날, 인기 있는 도시락 메뉴라는 조건이 갖추어지면 주문량이 7만 개에 도달할 확률이 높아진다.

• 고객을 자주 만나는 구조를 만들어라 •

실제 수요에 가깝게 예상치를 산출하는 일은 대단히 어려운 작업이다. 하지만 다마고야는 이 작업을 IT 기술의 도움 없이 사람의 힘으로 해낸다.

우선 배송 기사가 오후에 빈 도시락을 수거하면서 잔반을 살펴고 고객과 접촉해 얻은 정보를 종합해 수요 예측 보고서를 작성한다. 다마고야 배송 기사는 하루에 고객을 두 차례 대면하면서 긴밀한 관계를 유지한다. 그리고 도시락을 수거하는 과정에서 맛에 대한 반응, 희망하는 메뉴, 고객사의 행사나 휴일 정보 등을 수집한다.

"내일은 회의가 많아 직원 대부분이 사무실에 있을 겁니다."

"큰 판촉 이벤트가 있어서 외근 나갈 직원이 많을 겁니다."

빈 용기를 회수하는 과정에서 자연스럽게 고객이 전해 주는 정보는 다음 날 도시락 수요를 예측하는 귀중한 자료가 된다. 배달 후 다시 수거해야 하는 번거로움에도 불구하고 다마고야가 재활용 플라스틱 용기를 고수하는 이유다.

편의점이나 반찬가게, 케이크 전문점처럼 매장으로 손님이 찾아오는 경우에 직원이 얻을 수 있는 정보는 한정적이다. 고작해야 상품과 가격대, 고객의 연령대와 성별 정도랄까. 여러 가지를 구입했다면 그중에서 특히 무엇을 선호하는지, 앞으로 그 상품을 다시 구입할 것인지 여부는 알지 못한다.

하지만 배송 기사들이 발품을 팔아 수집해 온 정보는 상당히 구체적이다. 도시락 용기를 회수하면서 "오늘 도시락 어땠나요?"라고 담당자에게 한마디 건네면 "○○가 인기가 많았어요."라든지 "오늘은 양념이 좀 진했어요.""요즘 튀김 반찬이 많네요." 같은 세세한 반응이 돌아온다. 가끔은 회수하면서 설문조사를 부탁하는 경우도 있다. 그날의 도시락 평가부터 다마고야 도시락에 바라는 점 등 고객의 생생한 목소리를 모아 메뉴 개선에 활용하기 위해서다.

메뉴도 주문량에 큰 영향을 미치는 요인 중 하나이기 때문이다. 도시락 식단에 낫토가 포함되면 관서 지방 계열의 회사에서는 주문량이 뚝 떨어진다. 낫토가 전통적으로 관동 지방 음식이라 다른 지역 사람에게는 낯설기 때문이다.

• 들리는 정보와 보이는 정보의 차이 •

배송 기사는 도시락 수거 시 잔반의 종류와 양을 조사한다. 그런데 담당자에게서 들은 평가나 설문 결과가 잔반의 결과와 늘 일치하지는 않는다. 그리고 이것이야말로 마케팅 관점에서 대단히 흥미로운 지점이다.

다마고야는 종종 건강식 메뉴를 만들어 달라는 요청을 받곤 한다. "튀김 반찬은 줄여주세요."처럼 구체적으로 주문하는 경우도 제법 있다. 그런데 막상 설문지를 받아보면 가장 먹고 싶은 메뉴 1위는 햄버그스테이크, 가장 먹고 싶지 않은 메뉴 1위도 햄버그스테이크다. 참으로 재미있지 않은가.

회수한 도시락의 잔반을 조사해 보면, 튀김이나 햄버그스테이크가 들어간 날은 잔반이 거의 없다. 오히려 담백한 저칼로리 음식을 사용한 날에는 잔반이 많거나 심지어 주문량이 줄어들기도 한다. 고객의 목소리와 설문조사, 잔반 결과가 전혀 일치하지 않는 것이다.

무슨 말인가 하면 인간의 심리 특성상 속마음과는 다른 행동을 취하는 일이 많다는 이야기다. '몸에 좋은 나물 반찬이지만 왠지 손이 안 가네'라든가 '튀김은 건강에 안 좋지만 반찬으로 나오면 나도 모르게 잔뜩 먹게 된단 말이야'라는 경우가 생긴다는 거다. 튀김이 메뉴로 나오는 날은 튀김옷을 남기는 사람도 있다. 먹고는 싶지만 건강에도 안 좋고 살이 찔까봐 기름기 많은 튀김옷을 벗기는 것으로 스스로와 타협을 본 것이다. 이처럼 사람의 심리란 복잡한 구석이 있다. 이런 심리를 어떻게 해석해서 메뉴에 반영해 고객의 만족도를 높일 것인가. 다마고야가 풀어야 할 숙제다.

도시락 용기에서 보이는 정보와 입으로 전해진 정보 중 어느 쪽이 더 중요한가도 고민해 봐야 한다. 말보다는 도시락 내용물이 진실에 근접하다고 여기고 고객이 알려준 요청을 무시한다면 고객은 '우리 의견이 조금도 반영되지 않는군' 하고 생각해 불쾌감을 느낄지도 모른다.

도시락을 통한 정보도 고객이 말로 전한 정보도 모두 중요하다. 확실한 건 재활용 도시락 용기를 사용함으로써 얻게 되는 정보가 메뉴 개선과 정확한 수요 예측에 기여한다는 사실이다.

이처럼 다양한 요소들을 종합해서 제조 공장 공장장이 다음 날의 도시락 수요를 최종적으로 산출한다. 실수요에 근접한 수요 산출법을 공식화하기는 대단히 어렵다. 온갖 복잡한 변수를 종합적으로 고려해야 하기 때문이다. 이는 단순히 데이터를 수집하는 능력뿐 아니라 오랜 세월 축적된 경험이 필요한 일이다. 0.1퍼센트라는 폐기율이 그것을 증명한다.

• 재고를 줄이는 구조 •

0.1퍼센트라는 폐기율이 가능한 것은 수요 예측의 정확성과 더불어 다마고야만의 배송 시스템과도 관련이 깊다. 앞에서 설명했듯 전날 예측한 수요보다 약간 모자란 양을 만들어 두고 부족분은 나중에 보충하는 형태로 배달하기 때문이다.

생산과 배송 시스템을 재고 관리의 관점에서 다시 살펴보자. 다음 날 수요를 6만 개로 예측했다고 해보자. 그러면 5만 7,000개 분량의 식자재를 주문한다. 다마고야는 물류 창고가 따로 없으므로 새벽에 재료가 도착한다. 도시락도 새벽부터 만들기 시작해 오전 9시 30분까지 5만 7,000개를 일사천리로 만들어 둔다.

도시락이 완성되면 원거리, 중거리, 근거리 순으로 순차적으로 배달을 시작한다. 주문이 마감되면 차량별로 부족분이 집계된다. 9시부터 주문 접수를 시작해 10시 30분 마감까지 최종 6만 1,000개 주문이 들어왔다고 해보자. 신속히 납품업체에 연락해 4,000개 추가분 식자재를 주문하면 15~30분 사이에 도착한다.

그동안 배송차들은 실시간으로 과부족 상황을 공유하면서 수요에 대처한다. 원거리 차량의 부족분을 중거리 차량이 메꿔 주고 중거리 차량의 부족분을 근거리 차량이 메꿔 준다. 마지막으로 추가 물량 4,000개를 실은 예비차가 출발해 근거리 차량의 부족분을 보충한다. 그러면 12시까지 모든 도시락이 전달된다.

예상치보다 모자라게 만들어 놓고 주문이 확정된 후에 부족분을 추가로 생산한다. 이 원칙대로라면 재고는 0퍼센트가 된다. 물론 돌발 상황은 늘 발생한다. 예상치가 빗나갈 수도 있고 상담원이 주문량을 착각하거나 운반 중에 태풍이 불어 도시락을 다시 만들어야 하는 등 사고도 염두에 두어야 한다.

· 외부 변수에 촉각을 세워라 ·

태풍은 가뜩이나 어려운 수요 예측을 한층 어렵게 하는 요소다. 태풍이 와도 지하철이 운행하면 기본적으로 배달량은 증가한다. 일단

지하철을 타고 출근은 하되 외근은 가급적 피하기 때문이다. 평소보다 5퍼센트 정도는 늘어나므로 전날 6만 개를 예측했다면 3,000개는 추가로 만들어 둔다.

2017년 수도권에 태풍이 강타한 어느 월요일이었다. '내일은 태풍이 올 테니 주문량이 증가하겠군' 하고 넉넉하게 도시락을 생산했는데 어찌 된 일인지 재고가 3,800개나 남아 버렸다. 내가 직장에 다닐 때만 해도 태풍이 불어 지하철이 정체할 것 같으면 아예 새벽에 일어나 지하철 첫차를 타거나 전날 회사 근처 저렴한 호텔에 묵는 일이 많았다. 태풍이 오는 날 도시락 주문이 증가하는 건 이 때문이었다.

요즘은 사정이 달라졌다. 태풍이 오면 임시 휴일로 지정하거나 오후에 출근해도 된다는 회사가 늘어났다. 2017년 월요일에 몰아친 태풍은 그리 강력한 규모는 아니었지만 다마고야와 계약한 사업체에 다니는 직원 대다수가 자택 대기 상태가 아니었을까 싶다.

태풍만큼 난감한 상황은 또 있다. 출퇴근길 시간대에 지하철이 멈춰 버리는 일이다. 인명 사고나 차체 결함 등 최근에는 오전부터 멈추는 일이 더러 일어난다. 오전 9시가 지나면 상관없지만 오전 7~8시에 지하철이 멈추면 출근 시간인 9시를 넘기기 일쑤다. 다마고야 주문 마감은 10시 30분. 당연히 주문량은 큰 폭으로 줄어든다. 출퇴근 시간에 지하철이 멈춰서 30여만 명의 발이 묶였다 치자. 그중 1퍼센트만 고객이라고 해도 3,000명, 하루 매출 3,000개가 사라지는 셈이다. 다마고야 입장에서는 이만저만 손해가 아니다.

이처럼 도시락 주문은 날씨나 교통 정보에 대단히 민감하다. 그래서 아침에 일어나면 곧바로 TV와 라디오를 켜 놓고 주문 마감까지 늘 기상과 교통정보에 촉각을 곤두세운다.

수요 예측은 해를 거듭할수록 어려워지고 있다. 여기에는 달라진 기업 환경이 한몫한다. 요즘 기업은 특별한 일이 없으면 직원에게 유급휴가를 내도록 권장한다. 다마고야와 계약한 기업체가 5,000개 정도이니 회사 한 곳에서 도시락 한 개씩만 빠져도 5,000개 차이가 난다.

다마고야에 근무하는 직원은 총 600여 명이라 재고가 600개 생기면 자체적으로 소화가 가능하다. 직원용 도시락은 미리 만들어두지 않으니 남은 도시락을 직원에게 제공하면 된다.

달리 말하면 재고를 메꾸는 데는 600개가 최대치라는 뜻이다. 도시락이 600개 이상 남는 경우, 현장에서 구매할 고객을 찾거나 오후 1시 이후에 할인 판매를 하는 등 다양한 방법으로 재고를 줄이기 위해 노력한다.

몇몇 사람들은 다마고야의 시스템이 특별한 기술을 사용해서가 아닌지 궁금해 한다. 하지만 아직까지 우리의 시스템에 특정 기술은 필요하지 않았다. 수요 예측을 위해 고객을 하루에 두 번 만나 하나씩 직접 물어보고, 설문조사나 잔반을 보고 니즈를 연구한다. 주문도 마찬가지다. 앞서 말했듯 인터넷 주문은 10퍼센트에 불과해 대부분 전화나 팩스로 들어온 주문을 신속하게 집계해 추가 생산을 주문하고 배송반에 전달한다. 이를 전달받은 배송반은 어떤가. 배송 기사가 가지고 있는 기계라고는 차량과 휴대폰이 전부다. 요즘 같은 최첨단 시대에 믿기 힘들 만큼 아날로그적인 방식이지만 최단거리 경로를 연구하고 납품 업체와 협력관계를 구축한다면 어려운 일이 아니다. IT 시대에 과학 기술을 사용하지 않으면 왠지 도태된 것 같은 인식 탓에 다마고야의 방식이 유독 튀어 보이는 건 아닐까.

물론 빅데이터와 인공지능AI을 활용한 IT 기술이 우리의 경험을 대체하지 못할 거라고 생각하지는 않는다. 하루가 다르게 기술이 발전하는 시대이니 만큼 언젠가는 방대한 데이터 속에서 특정 변수를 선택해 완벽에 가깝게 예상치를 도출해 내는 AI가 등장할지도 모르겠다. 조만간 자동운전 차량과 AI의 조합이 배송 시스템을 대체할 것이라는 이야기도 나온다. 다만 기술적 도움 없이 인간의 감에 의존해 도시락을 배송해 온 다마고야의 입장에서는 이런 뉴스가 먼 이야기처럼 느껴지는 것도 사실이다. 그러나 기술 발전은 점점 가속화될 것이고 어떤 시대가 와도 대응할 수 있도록 미리 대비해 둘 필요는 있다고 생각한다. 그것이 다마고야에게는 또 다른 외부 변수가 될 수 있기 때문이다.

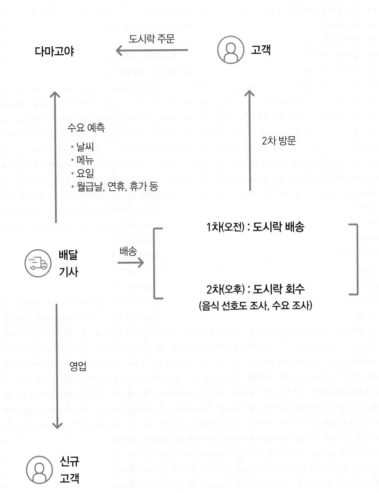

다마고야는 어떻게 폐기율 0.1퍼센트를 유지할까?

다마고야 ←─── 도시락 주문 ─── 고객

수요 예측
- 날씨
- 메뉴
- 요일
- 월급날, 연휴, 휴가 등

2차 방문

배달
기사 ── 배송 ──→

1차(오전) : 도시락 배송

2차(오후) : 도시락 회수
(음식 선호도 조사, 수요 조사)

영업

신규
고객

제5장

직원은 뽑는 것이 아니라 키우는 것

• 인재를 기다리지 마라 •

"기업은 사람이 전부다."

일본에서 '경영의 신'으로 추앙받는 마쓰시타 고노스케가 남긴 유명한 말이다. 시대 고하를 막론하고 기업에 무엇보다 큰 자산은 '사람'이다. 상대적으로 자본이 부족한 중소기업이라면 더더욱 그렇다. 다마고야가 지금까지 성장해 온 비결 중 하나도 '사람'이다.

어떻게 하면 직원을 회사에 필요한 인재로 키울 수 있을까? 어떻게 하면 직원의 의욕과 능력을 끌어낼 수 있을까? 어쩌면 이런 물음자체가 중소기업에게는 사치로 여겨질지도 모른다. 인재는 고사하고 오겠다는 사람조차 드물기 때문이다. 만성적인 인력난에 허덕이는 중소기업의 사정은 비단 어제오늘 일이 아니다. 다마고야도 마찬가지다. 특히 경제가 한창 호황을 누릴 무렵에는 넘쳐나는 일자리에 비해 인력이 부족해서 모집 광고를 내도 지원자가 없어 뽑지 못했다고 한다.

다마고야에서 일하는 직원들은 스펙이 화려한 '인재'가 아니다. 오히려 그 반대다. 비행 청소년, 폭주족, 불량배, 프리터족(일정한 직업 없이 아르바이트로 생계를 유지하는 사람―옮긴이), 고등학교 또는 대학교 중퇴자 등 젊은 시절 방황하며 사회 부적응자로 낙인찍힌 사람들이 지금의 다마고야를 이끌어 왔다.

아버지는 그들을 '악동'이라고 부른다. 아버지가 그들을 대하는 태도를 보면 깊은 신뢰와 애정이 느껴진다. 수금한 돈을 빼돌려 실망감을 안겨 준 사람도 있었지만 아버지는 믿음을 거두지 않고 적극적으로 악동을 채용해 다마고야의 귀중한 전력으로 키워 냈다. 원석을 다듬어 보석으로 만들듯 그들 속에 잠재된 역량과 가능성을 알아보고 다마고야에서 그 능력을 꽃피우게 한 것이다. 언젠가 아버지는 악동을 직원으로 채용하는 이유를 이렇게 설명했다.

"양식 어류는 활어조에서 먹이를 먹고 자란다. 인간으로 치면 부모가 깔아준 레일 위를 순탄하게 달리는 타입이지. 정해진 규칙은 잘 지킬지 몰라도 스스로 판단하고 행동하는 힘은 부족하다. 하지만 천연 어류는 자기 힘으로 먹이를 사냥한다. 사람으로 치면 자기 인생을 스스로 개척해 온 타입이랄까. 다마고야 악동은 천연 어류다. 패기와 근성이 있어. 그들의 잠재력을 끌어낸다면 엄청난 능력을 발휘할 거다."

다마고야에는 천연 어류들이 많다. 몸싸움에 휘말려 손가락을 물어뜯기거나, 지나가다 습격을 당해 상처를 입고 출근하는 맹수들이다. 언젠가 피를 흘리면서 출근하기에 놀라서 이유를 물었더니 "어제 역 앞에서 칼을 휘두르는 녀석이 있어서 말리다가 찔렸습니다."라는 대답이 돌아왔다. 배달을 나가겠다는 걸 한사코 만류했더니 기어이 오전은 나가겠다고 고집을 부려서 오후에 겨우 조퇴를 시켰다. 이런 에피소드를 꼽자면 밤을 새워도 모자랄 판이다.

다마고야는 주문량이 확정되기 전에 배송차가 도시락을 싣고 출발한다. 그 때문에 시시각각 주문 상황이 갱신된다. 주문이 취소되거나 변경되는 일도 다반사다. 더욱이 정오까지 교통체증을 뚫고 배송을 완료하기 위해 하루에도 몇 번씩 배송 경로가 바뀐다.

예측 불가능한 상황에서 위기에 민첩하게 대응하는 직원은 천연어류인 악동이다. 양식 어류인 모범생은 주어진 지시나 매뉴얼에 따르는 데만 익숙한 탓에 돌발 상황이 생기면 당황해서 안절부절못한다. 어릴 적부터 스스로 판단하거나 결정해 본 경험이 적은 까닭이다. 반면 악동은 고객을 위하는 마음가짐도 각별하다.

"고객을 위해 이런 점은 개선해야 합니다!"

직원회의에서 악동들이 고객의 입장을 대변하며 상사 앞에서 거

침없이 발언하는 장면은 다마고야에서 지극히 흔한 일이다. 평범한 직장인은 고객의 평가보다 상사의 평가를 우선하기 마련이다. 악동 직원은 상사의 눈치 따위 아랑곳하지 않는다. 그들에게는 고객이 우선이기 때문이다. 살면서 누군가에게 칭찬을 받거나 도움이 된 경험이 적은 악동들은 고객이 "맛있다." "시간 맞춰 배달하느라 수고가 많다."라는 사소한 칭찬에도 큰 기쁨과 보람을 느낀다. 고객을 더욱 만족시키기 위해 그들이 더욱 열심히 일하는 이유다.

• 보석이 될 원석을 고르는 법 •

그렇다면 보석이 될 원석을 어떻게 골라내야 할까? 신규직, 경력직, 파트타임, 아르바이트 다 마찬가지지만 면접이 가장 중요하다. 내가 다마고야에 들어가기 전 인사결정권은 전적으로 아버지 몫이었다. 아들인 내가 이런 말을 하긴 쑥스럽지만, 아버지는 사람 보는 눈이 놀라울 만큼 정확하다. 면접에서 상대 눈을 바라보며 한두 마디 대화를 나누면 사람 됨됨이가 훤히 보인다고 한다. 내가 인사권을 맡게 되었을 때도 아버지 도움을 많이 받았다.

직원들이 아버지의 안목에 감탄을 연발할 때마다 아버지는 이렇게 말씀하시곤 했다.

"내 인생이 워낙 굴곡이 많았다. 어릴 때 전쟁통에서 목숨만 겨우 부지해 고국으로 건너왔고, 시골에서 온갖 괴롭힘을 당하다가 골목대장도 해봤지. 산전수전 다 겪으며 별의별 사람들을 다 만나다 보니 저절로 사람 다루는 법을 터득하게 된 게지."

어떤 사람이 우리 회사에 맞을지 단언하긴 힘들다. 겉모습만 보고 판단할 수는 없으니까. 면접에서도 반항적인 태도로 일관하는 사람이 있는가 하면 고분고분한 예스맨으로 보이는 사람도 있다. 사람마다 보이는 모습은 천차만별이다. 하지만 다마고야가 원하는 인재에는 공통점이 하나 있다. 살면서 실패와 좌절을 경험했더라도 부모나 친척 혹은 주변의 누군가로부터 애정을 받았다는 것.

'어린 시절 누군가의 애정을 받고 자란 사람만이 타인을 이끄는 리더가 될 수 있다'는 것이 아버지의 지론이다. 그런 사람은 타인에 대한 관용과 수용성을 지닌 까닭이다.

반대로 절대 뽑지 않는 타입에도 한 가지 공통점이 있다. 바로 남 탓하는 사람이다. 면접에서 이전 회사를 그만둔 이유를 묻자 "열심히 노력했는데도 상사가 제대로 평가해주지 않았습니다."라며 변명을 늘어놓는 사람은 더 볼 것도 없다. 뭘 하든 핑계를 대며 부정적인 에너지로 똘똘 뭉친 사람은 주변에 악영향만 준다.

세상은 그리 만만하지 않다. 자신이 수준이 아니라 남들이 인정할 만한 수준까지 노력해야 결과가 따라오는 법이다. 늘 남을 탓하며 자신에게는 한없이 관대한 사람에게 기회를 줄 기업이 과연 있을지 의문이다.

아버지는 내가 입사한 1997년부터 채용 권한도 넘겨주었다. 아버지 안목에는 못 미치지만 면접에서 내가 중요시한 포인트는 다음 세 가지였다. 정직함, 감사하는 마음 그리고 남 탓하지 않는 태도. (마지막은 아버지에게 배운 것이다.) 참고로 학교 성적은 크게 고려하지 않는다. 무엇보다 성장 과정에서 부모님과 형제 사이는 어땠는지, 애정을 받고 자랐는지에 중점을 두고 묻는다.

"본인은 어떤 성격이라고 생각하나요?"라든지 "친한 친구들은 본인을 어떤 사람이라고 생각합니까?"라는 식의 질문을 던지면 지원자가 스스로를 돌아보며 구체적인 일화를 끄집어낸다. 지원자가 살아온 이야기를 들으며 정직함, 감사하는 마음, 남 탓하지 않는 태도를 가늠해 보는 것이다.

자연스럽게 웃는 모습도 중요한 포인트다. 아무래도 면접에서는 긴장하기 마련이라 웃기가 쉽지 않다. 하지만 대화를 이어가다 보면 긴장감이 풀어지면서 자연스레 미소를 짓게 된다. 남자든 여자든 조금도 웃지 않고 무뚝뚝한 태도로 일관하는 사람에게는 좋은 점수를 주기 어렵다. 고객에게 서비스를 제공하는 배송 기사라면 웃는 얼굴은 필수다. 사무직이라도 기분 좋게 웃는 사람은 주변 사람도 절로 웃게 만든다. 서비스업이 아니더라도 자연스러운 미소를 짓는 사람은 면접에서 좋은 인상을 남긴다.

• 인재는 입사한 뒤에 키워도 된다 •

다마고야 경영에 보다 집중하고자 2003년부터는 임원에게 채용을 맡겼다. 그런데 얼마 후 배송 반장이 공개적으로 이의를 제기했다. 회사에서 뽑은 신입을 현장에 투입해 보니 하나같이 형편없다는 것이다. 요컨대 뽑으려면 제대로 뽑으라는 이야기였다. 비슷한 의견이 다른 배송 반장에게서도 들렸다.

다마고야는 직원의 잠재력을 최대한 끌어올리기 위해 현장에 적극적으로 권한을 위임해 왔다. 배속된 직원에 대한 불만이 커지자 반장이 직접 면접을 보고 부하직원을 뽑자는 이야기가 나왔다. 결국 채용을 반장에게 맡기기로 결정했다.

구인광고를 내고 몇 명이 지원해서 면접 날짜를 잡으면 배송 반장을 포함해 각 부서 반장 전원에게 이력서를 전달한다. '우리 부서는 일손이 부족하니 신규 인력을 보충해야 한다'라거나 '이 지원자는 우리 부서에 꼭 필요한 인재 같다'라는 생각이 들면 회사에 신청해 면접에 참가한다. 신청 부서가 많으면 각 부서 반장들이 함께 면접에 들어간다. 자신이 직접 뽑은 인재이므로 설령 기대에 못 미친다 해도 회사에 필요한 인재로 키울 책임감이 생긴다.

반장이 주체적으로 채용에 참가해 맞춤형 인재를 발굴한다면 금상첨화겠지만 현실은 기대와 달랐다. 면접에서 좋은 인상을 받아 뽑았더니 실제로 업무 능력이 턱없이 부족한 일이 태반이었다. 얼마쯤 시간이 지났을까. 처음 이의를 제기했던 배송 반장이 다시 사장실 문을 두드렸다.

"스스로 뽑은 사람을 키우는 데 이렇게 신경과 체력을 많이 쓸 줄은 몰랐습니다. 제가 경솔했습니다. 이제부터 새로운 직원을 불만 없이 받을 테니까 본사에서 다시 채용을 담당해 주십시오."

다시는 채용 결과에 반발하지 않겠다는 다짐을 받아내고 기존의 채용 담당자에게 업무를 돌려주었다. 2년 전부터는 채용 담당자를 한 명 더 추가해 두 명이 채용을 맡고 있다. 나는 일절 관여하지 않는다. 채용 담당자들이 아버지 안목에는 미치지 못하는지라 다소 불안하긴 하지만 큰 문제는 아니라고 생각한다. 인재는 회사에 입사한 뒤에 키워도 된다고 생각하기 때문이다. 정직함, 감사하는 마음, 남 탓하지 않는 태도. 이 세 가지만 있다면 회사에 필요한 인재로 키울 자신이 있다. 뒤집어 말하면 세 가지가 결여된 사람은 아무리 노력해도 우리 회사에서 성장할 가능성이 적다는 뜻이기도 하다.

면접에서 지원자의 성장 과정을 묻는 이유도 위의 세 가지를 판단하기 위해서다. 하지만 이제는 그러기가 어려워졌다. 개인정보보

호법, 남녀고용기회균등법 등의 고용법이 정비되면서 채용 과정에서 본인에게 책임이 없는 사항이나 업무와 직접 관련이 없는 사항을 묻지 못하게 되었기 때문이다. 본적이나 출생지를 묻는 것은 물론이거니와 부모 직업, 형제 여부, 종교 등도 개인정보이므로 적절치 않다. 가정환경이나 정치 성향, 심지어 애독서조차 묻지 못한다.

법의 취지는 이해하지만 면접자와 지원자가 긴장을 풀고 친밀함을 쌓기 위한 사적인 잡담까지 금지할 필요가 있을까? 다마고야는 일상적인 대화 속에서 상대의 성향을 파악하고 회사에 적합한 인재인지 판단해 왔기에 더욱 아쉬운 부분이다.

• 신규 채용만으로 회사 분위기는 달라진다 •

내가 입사한 1997년, 다마고야는 창립 이래 처음으로 대졸자를 채용했다. 그때까지는 도시락집에 대졸자가 취업한다는 건 언감생심 상상도 하지 못할 일이었다. 아르바이트생 중에 괜찮다 싶으면 '우리 회사에서 정식으로 일해 보지 않겠느냐'고 제의하는 게 관례였다.

나는 다마고야가 어엿한 회사로 자리매김하기를 바랐다. 그래서 필요할 때마다 수시로 뽑던 관행을 바꿔 일반 회사처럼 매년 4월마다 신규 채용을 하고 대학 졸업생도 뽑기 시작했다. 첫해에는 대졸

네 명, 고졸 세 명이 입사했다. 이후 3년 연속으로 대학 졸업생을 뽑기 시작했는데 어느 순간 직원들 분위기가 묘해지기 시작했다. 대졸 신입보다 중졸, 혹은 고졸 아르바이트생의 업무 능력이 우수했던 것이다. 임원들 눈에 봐도 명백할 정도였다. 심지어 학창 시절 사고만 치던 악동이 대졸 직원보다 두뇌 회전도 빠르고 융통성과 리더십도 뛰어났다. 후배 양성에도 능통했다.

그때 학력과 업무 능력이 절대 비례하지 않음을 깨달았다. 결국 2000년부터는 학력을 보지 않고 수시로 인재를 채용하는 방식을 부활시켰다. 4월에 입사하는 정규직 신입은 그해 대졸자를 채용하지만 이와 별도로 아르바이트생은 상시 모집하고 있다. 이들 중 정직원을 희망하는 경우, 사내에 이를 고지한 다음 3개월의 수습 기간을 거친다. 이후 회의를 열어 당사자가 정규직에 적합한지를 토의한 다음 최종 결정을 내린다.

적당하다고 판단되면 정직원 계약을 맺고 부적당하다고 판단되면 아르바이트를 그대로 유지한다. 결과는 천차만별이다. 아르바이트 3개월, 수습 3개월 만에 정직원이 되는 사람이 있는가 하면, 3개월 수습 후에도 2년 동안 아르바이트로 일하는 사람도 있다. 정규직이 못 되면 곧바로 사표를 쓰는 사람도 있지만, 정직원이 될 때까지 계속 아르바이트를 하는 사람도 있다.

대졸자가 회사에 나쁜 영향만 끼친 건 아니다. 일단 대졸자가 다마고야에 문을 두드리기 시작했다는 것 자체가 큰 변화였다. 매해 실적이 증가하고 방송이나 잡지에 소개되어 인지도가 올라가자 대졸자가 보기에도 괜찮은 회사로 인식되었던 모양이다. 대졸자가 들어오면서 다마고야의 대외적인 이미지도 달라졌다. 스가하라 가족끼리 적당히 꾸려가던 '가업'에서 철학과 시스템을 갖춘 어엿한 '기업'으로 거듭났다. 더 이상 작고 초라한 구멍가게가 아니었다. 위상이 달라지면서 다마고야 직원들의 자부심도 올라갔다.

기존에는 별다른 체계 없이 *끈끈한* 동료 의식으로 운영되던 부분도 있었다. 하지만 대졸자가 들어오면서 회사도 체계적인 시스템을 갖추게 되었고 기존 직원들도 '대졸 신입에게 질 수는 없지'라며 의욕을 불태웠다. 의도한 건 아니었지만 대졸 신입들은 자신을 경쟁자로 보는 직원들의 시선에 상당한 고충을 겪었으리라.

경영자로서는 대졸 직원을 잘 육성해서 간부급으로 키우고 싶은 마음도 있었다. 탁월한 능력을 발휘해 모두에게 인정받고 2년 후, 3년 후에는 부서의 리더가 되기를 바랐다. 그런 기대감으로 월급도 아르바이트보다 높게 책정했지만 결과는 실망스러웠다.

시행착오를 겪었지만 '학력에 연연할 필요는 없다'라는 값진 교훈을 얻었으니 손해만 본 건 아니다. 대졸 채용을 중단하진 않았지만 취업 설명회를 개최하거나 기업 합동 세미나에 참가하는 등 적극적으로 대졸자를 뽑지는 않는다. 대신 다마고야에 관심을 두고 찾아오는 사람에게는 언제든 문을 열어 둔다.

요즘은 대졸자보다 고졸자를 뽑아 교육시키는 게 효율적이라는 인식이 퍼져 기업마다 고졸 신규 채용을 늘리는 추세다. 다마고야의 경우, 2017년 4월 신규 채용에서 고졸은 다섯 명, 대졸은 한 명이 입사했다.

다마고야에는 대기업처럼 신입 직원을 위한 체계적인 연수 프로그램은 존재하지 않는다. 업무의 기본은 고참이 신입에게 가르치고 현장에서 스스로 부딪히며 습득해 나간다. 글이 아닌 체험을 통한 교육에는 어리고 사고가 유연한 고졸 직원일수록 적응을 잘한다. 고졸이라고 대졸보다 정보처리 능력이 떨어지지도 않는다.

고졸 직원의 장점은 회사에 신선한 자극제가 된다는 것이다. 이를테면 도시락 주문을 받는 콜센터 직원은 총 100명 남짓으로 중년 여성이 대부분이다. 여기에 고등학교를 갓 졸업한 신입 여직원이 들어왔다고 치자. 그들은 딸뻘인 후배를 자식처럼 생각하며 열심히 일을 가르쳐 준다. 고참이 신경 써주니 신입도 이에 호응해 열심히 일하는 선순환이 생긴다. 봄에 들어오는 젊은 인재가 회사 전체에 밝은 에너지를 불어넣는다. 작업 능률도 올라가고 결속력도 커지니 일석이조가 아닐 수 없다.

• 심각한 구인난의 대안이 된 외국인 노동자 •

외국인 노동자에 대해서도 언급해 두고자 한다. 인력난이 심각한 요식업에서 외국인 노동력은 필수가 된 지 오래다. 편의점에 진열된 도시락이나 주먹밥 대부분은 외국인 손으로 만들어진 것이라 해도 과언이 아니다.

다마고야도 도시락 제조 부문에서 외국인 근로자가 증가하는 추세다. 비단 다마고야에 국한된 이야기는 아니다. 고령화와 저출산이 급격히 진행되면서 대다수 제조업은 일손이 부족해 외국인 노동력 없이는 운영이 어려운 상황이다. 외국인이라고 급여에 차등을 두지는 않는다. 다마고야에서는 일단 직원이 되면 차별 없이 사내 기준에 따라 월급을 받는다.

한때는 브라질이나 이란 국적자가 많았는데 요즘은 필리핀이나 태국, 베트남, 네팔 국적자가 부쩍 많아졌다. 2011년 동일본 대지진 이후 재해 지역 복구를 위한 대규모 공사가 이어지고 정부가 인력 부족을 해소하기 위해 외국인 실습 제도를 확대하면서 동남아시아 노동자들이 다수 유입된 영향이 아닐까 싶다. 필리핀, 태국, 베트남, 네팔 사람들은 대체로 솔직하고 부지런하다. 일본인과 결혼하거나 아이를 낳고 일본에 정착하려는 사람은 성실함 그 자체다. 능력을 인정받아 정규직이 된 외국인 직원도 여럿 있다.

단, 외국인 직원을 고용한다면 불법 취업에 주의해야 한다. 과거에 외국인 직원이 본인도 모르게 여권이 위조된 사실이 발각되면서 아버지가 경찰에 출두한 적도 있었다. 그 일을 겪은 뒤로는 외국인을 직접 고용하는 것은 그만두고 파견 회사나 기능 실습생을 통해 외국인 노동자를 고용하고 있다. 다만, 일본 국적을 취득한 외국인은 일본인과 다름없이 면접을 거쳐 채용한다.

일본은 저출산과 고령화로 연간 30만 명 이상씩 인구가 줄어드는 상황이다. 인구 감소 위기에 직면한 일본에서 노동력 확보는 더 이상 미룰 수 없는 과제다. 기계와 인공지능만으로는 현장의 노동력을 해결하지 못한다. 이를 위해 정부는 이민 정책을 포함한 외국인 노동자를 수용하는 방안을 적극적으로 논의하고 있다.

일손 부족에 시달리는 중소기업에게 외국인 노동자는 이제 없어서는 안 될 존재가 되었다. 다마고야에서도 외국인 직원의 비율이 늘어나는 추세다. 언젠가는 배송 기사의 절반이 외국인으로 채워지는 날이 올지도 모른다.

• 인력난에 대응하는 업무 방식의 개혁 •

인력난에 허덕이는 도시락 업계에서 다마고야는 예외적인 존재다.

활기차고 의욕적인 인재가 모여들기 때문이다. 인재를 확보하는 특별한 노하우를 묻는 사람도 적지 않다.

경영자 모임에 나가면 실적이 상승세에 있는 기업의 사장이 "이번에 유명 대학 출신이 우리 회사에 입사했다."며 자랑삼아 이야기하는 모습을 자주 본다. 하지만 나는 부럽지 않다. 직원을 채용하면서 학력에 큰 의미를 두지 않기 때문이다. 중졸이든 고졸이든 일단 다마고야에 들어오면 든든한 전력으로 키워 낼 뿐이다. 직원 개개인의 능력이 최대한 발휘되도록 기회를 주고 마음에 불을 지피는 것, 이것이 다마고야에 인재가 모이는 비결이다.

그런데 지금은 상황이 달라졌다. 시대가 변하고 기업 환경도 달라지면서 인재 확보에 제동이 걸렸다. 2018년 6월, 정부가 추진하는 '일하는 방식 개혁' 관련 법안이 국회를 통과했다. 과로 방지, 일과 가정의 양립, 다양하고 유연한 노동 방식 실현, 비정규직 대우 개선 등을 목표로 하는 제도들이 도입되어 기업 경영에 상당한 파급력을 미칠 전망이다.

잔업시간 상한 규제가 대표적이다. 일본의 법정 근로시간은 '1일 8시간, 주 40시간'이다. 잔업시간의 경우, 후생노동성이 '월 45시간, 연 360시간'을 권고하고는 있으나 법적 효력이 없고 노사가 합의한다면 얼마든지 늘릴 수 있었다. 그러다가 2018년에 정부는 '월 45시간, 연 360시간'이라는 잔업시간을 법률로 제정했다. 단, 성수기 등 특별한 사정이 있는 경우에 한해 연 6개월까지 월 45시간이 넘는 노동을 인정하되, 연간 노동시간은 720시간(휴일 노동 불포함) 이내로 제한했다. 휴일 노동까지 포함하면 월 100시간 미만이지만 2~6개월을 평균으로 잡으면 월 80시간이 상한이 된다. 만일 기업이 상한 기준을 넘기면 벌칙 대상이 되어 6개월 이하 징역 또는 30만 엔 이하의 벌금이 부과된다. 대기업과 파견 회사는 2020년 4월부터, 파견 회사를 제외한 중소기업은 2021년 4월부터 적용을 받는다.

과로사가 심각한 사회문제로 대두되는 만큼 노동자의 건강과 생명을 지키기 위해 장시간 근무를 규제해야 한다는 주장에는 십분 동감한다. 일과 가정의 양립도 물론 중요하다. 보수를 적게 받더라도 업무시간을 줄이고 가정에 충실하려는 직원의 의견을 존중해야 한다고 생각한다. 하지만 다마고야에는 체력이 따라줄 때 조금이라도 일을 많이 해서 높은 보수를 받으려는 직원이 여전히 많다. 가족의 생계를 책임지는 가장일수록 잔업을 많이 해서 수당을 더 받으려는 경향이 강하다.

얼마 전까지만 해도 다마고야에는 잔업시간이 월 80시간 이상인 직원들이 있었다. 그러나 2021년 4월 이후에는 월 45시간 미만으로 근무시간이 제한되므로 이들은 일하고 싶어도 하지 못한다. 본인의 의지로 장시간 열심히 일한 점이 높은 평가를 받아 몸값이 껑충 뛰는 경우도 있었지만 이제는 꿈같은 이야기가 되어 버렸다. 다마고야는 혈기 왕성한 젊은이들에게 매력적인 일터였다. 젊고 기운이 넘칠 때 열심히 일하면 상당한 소득을 올리는 게 가능했던 까닭이다. 꿈을 이루기 위해 종잣돈을 마련하고자 다마고야에 입사하는 이들도 많았다. 회사 입장에서도 도전적이고 진취적인 인재를 마다할 이유가 없다. 하지만 잔업시간이 제한되면 이들은 다마고야에 등을 돌릴지도 모른다.

현실적으로도 인력난으로 고민하는 중소기업은 장시간 노동에 의지해야 하는 면이 존재한다. 직원에게도 잔업은 중요한 수입원이다. 능력과 기술이 부족해도 장시간 일하는 것만으로 괜찮은 수입을 얻을 수 있기 때문이다. 자발적으로 일하는 직원이 많을수록 일손이 부족한 회사 입장에서는 든든하다. 하지만 월 45시간 이내로 잔업시간을 제한하면 회사와 직원 모두에게 상당한 타격이다.

일하는 방식 개혁 관련 법안이 실시되면, 비정규직은 정규직으로 대대적으로 전환되고 모든 직원은 의무적으로 유급휴가를 사용해야 한다. 이는 인건비 상승과 노동시간 축소로 이어져 자칫 기업의 경쟁력 하락을 초래할 우려가 있다. 일하는 방식 개혁이 틀렸다는 게 아니다. 다만 정부의 개혁이 기업과 노동자, 사회에 모두 도움이 되는 방향으로 추진됐으면 좋겠다.

제6장

인재 경영의
두 가지 원칙

• 회사가 커지면 직원의 의식도 바뀌어야 한다 •

1997년 다마고야에 입사하자마자 본격적인 개혁에 착수했다. 메뉴 개발처럼 눈에 보이는 개혁과 더불어 눈에 보이지 않는 개혁에도 주력했다. 직원들의 의식 개혁이 그것이다.

직원이 적은 중소기업일수록 사장의 존재는 절대적이다. 사장에 의해 회사의 흥망이 결정된다고 해도 과언이 아니다. 다마고야도 내가 입사하기 전까지는 창업자인 아버지가 카리스마 넘치는 리더십으로 조직을 이끌어 왔다. 사장과 직원은 주군과 장군의 관계처럼 의리로 똘똘 뭉친 운명 공동체였다.

아버지가 내건 경영 원칙은 단순했다. 사장이 솔선수범해 영업을 뛴다. 이익은 모두에게 공정하게 분배한다. 과오를 범하면 질책은 해도 해고하지는 않는다. 이를 철저히 실천했기에 아버지는 직원들의 신뢰와 존경을 받을 수 있었다. 아버지는 '고객 만족'을 다마고야가 추구해야 할 가치로 내세웠지만, 당시 아버지와 함께 다마고야를 꾸려 온 창업 세대의 마음속에는 고객보다 사장이 우선이었으리라. 아버지는 그들에게 월급을 주는 고용주가 아닌, 믿고 의지하는 부모 같은 존재였기 때문이다.

다마고야가 스가하라 집안의 가업에 머무른 시절에는 이러한 경영 스타일이 제법 효과적이었다. 그러나 내가 입사할 무렵, 다마고야는 1일 주문량 2만 개를 넘어서며 도시락 업계의 큰손으로 부상하고 있었다. 직원 수도 해마다 늘어 회사 규모도 급성장한 상태였다. 회사가 커지면 그에 맞게 경영 철학도 달라져야 한다. 대표가 강력한 리더십으로 조직을 장악해서 회사의 모든 것을 짊어지고 가던 시절은 지났다. 도시락 유행을 선도하는 기업으로서 품질을 높이고 서비스를 개선하며 직원 의식도 개혁할 필요성을 느꼈다.

이를 위해 나는 고객 제일주의와 철저한 능력주의를 도입했다. 사장이 아닌 고객을 만족시키기 위해 좋은 도시락을 만들어 배달한다. 내가 누군가에게, 더 나아가 사회에 도움이 된다고 생각하면 보람이 생기고 의욕이 샘솟는다. 이것이 고객 제일주의가 궁극적으로 지향하는 목표였다. 한편 자신의 노력이나 실력에 걸맞은 보상을 받는 것이 능력주의다. 일에서 보람을 얻고 노력한 만큼 보상을 받는 환경이라면 직원은 저절로 일할 의욕이 높아질 터다.

앞서 악동 직원들이 고객 제일주의를 가장 잘 실천한다고 했는데 능력주의도 예외가 아니다. 일시적으로 강등되더라도 좌절하지 않고 씩씩하게 다음 기회를 노리는 이들은 대부분 악동들이었다.

다마고야에서는 능력만 좋다면 아르바이트생이라도 관리직으로 승격된다. 상사와 부하가 뒤바뀌는 일이 예사로 벌어진다. 부하직원이 상사 자리에 오르면 보통은 껄끄러운 분위기가 조성되기 쉽지만 다마고야는 다르다.

수많은 실패를 겪으면서도 오뚝이처럼 일어서는 법을 체득한 자들이 다마고야의 악동들이다. 그들은 부하직원이 자기보다 승진해도, 자신이 부하직원 밑으로 강등되어도 좌절하지 않는다. 오히려 악바리 근성을 발휘해 더 열심히 일한다. 부하직원과 위치가 뒤바뀐 뒤에 이를 악물고 노력해서 제자리로 돌아오는 직원 중에 악동이 압도적으로 많은 이유가 여기에 있다.

· 고객 제일주의와 철저한 능력주의 ·

다마고야의 업무는 크게 세 부분으로 나뉜다. 조리 및 반찬 담기를 담당하는 조리·취반 부서, 전화 주문을 접수하는 콜센터 부서, 그리고 배송과 영업을 담당하는 서비스 부서다. 날마다 고객과 대면하는 서비스 부서 직원들은 고객들 사이에서 평판이 무척 좋다. 서비스 태도와 업무 능력을 칭찬하며 직원 교육의 노하우를 물어 오는 거래처들도 적지 않다.

서비스 부서에는 200여 명의 배송 기사가 소속되어 있다. 배송 경로별로 총 20반이 있으며 반마다 리더 격인 반장이 존재한다. 반장을 중심으로 한 배송 기사들은 자신이 담당한 지역의 배달을 책임진다. 그들은 고객과 두 차례 만나는 과정에서 도시락 배달과 용기를 회수할 뿐만 아니라 영업과 마케팅 업무까지 수행한다.

거래처의 도시락 담당자와 좋은 관계를 유지하며 소통하는 일은 단순한 고객 관리 그 이상이다. 여기서 얻은 정보들이 다음 날 도시락 수요 예측에 유용하게 활용되기 때문이다. 도시락 용기를 회수하면서 자연스럽게 고객과 주고받은 이야기 속에는 내일 회사의 행사 등 도시락 주문과 관련된 정보가 담겨 있다. 또한 배달하면서 자신이 담당한 지역에 새로운 건물이 건설 중이면 어떤 회사가 입점하는지 알아보고, 도시락을 주문할 만한 회사면 적극적으로 영업활동을 펼치기도 한다. 배송 기사가 기존 고객을 관리할 뿐만 아니라 신규 고객을 개척하는 역할까지 하는 셈이다.

오후 5시, 도시락 용기를 회수한 배송 기사가 본사로 돌아온다. 한숨 돌릴 틈도 없이 각 반이 참석하는 수요 예측 회의가 시작된다.

각자 고객에게 받은 정보를 공유하고 실수가 생겼을 때는 원인과 대책을 논의한다.

다마고야에서 직원과 아르바이트는 고용 형태의 차이일 뿐 상하 관계는 아니다. 직원의 노력을 정당하게 보상하기 위해 철저한 능력주의를 도입했기 때문이다. 실적에 따라 능력을 평가하므로 아르바이트생이 반장으로 승격되는 일도 생긴다. 아르바이트생이 정직원을 향해 "제 월급은 사장님이 아니라 고객이 주는 겁니다!"라며 일침을 날리기도 한다. 많은 기업에서 회의가 그저 탁상공론으로 그치곤 하지만 다마고야에서의 회의는 언제나 에너지가 넘친다.

아르바이트에서 시작해 반장으로 올라간 다나카(가명)라는 직원이 있었다. 그런데 어느 날 그의 팀원이 "도저히 반장을 따를 수 없습니다."라며 강하게 불만을 표시했다. 반장이 독불장군이라 팀원들의 의견에 전혀 귀를 기울이지 않는다는 것이었다. 평소 그의 능력을 높게 평가하던 터라 의아했다. 얼마 후에는 다나카가 옆반 반장과 큰 말다툼을 벌이더니 당장 사표를 쓰겠다며 나를 찾아왔다. 도시락을 주문한 거래처가 다마고야에서 설정한 지역의 경계선에 위치하는 경우, 경계선의 양쪽 지역을 담당하는 반장끼리 경로나 효율성을 고려해 어느 쪽이 배송을 맡을지를 조정한다. 이 과정에서 다나카가 옆 반장과 의견을 나누다 언성이 높아진 모양이었다.

직원들 사이에서 갈등을 유발한다면 심각한 결격 사유지만 모처럼 키워 온 인재를 하루아침에 잃고 싶진 않았다. 다나카도 회사가 싫어진 건 아니라고 하기에 다른 배송반으로 옮기기로 했다. 반장의 직위를 유지하면 반발이 예상되므로 부반장으로 한 단계 강등시켰다.

이동한 반에서 심기일전해 열심히 해 주길 바랐지만 크게 변한 건 없었다. 여전히 직원들과 크고 작은 마찰을 빚었다. 고민하던 차에 우연히 배달 경로를 편성하는 업무를 시켰는데 놀라운 재능을 발휘하는 게 아닌가. 그전까지는 아무도 생각지 못한 경로를 찾아낸 덕분에 배송 효율이 현격히 올라갔다. 이후 다나카에게 배송 경로를 짜는 역할을 맡겼다. 지금은 기존 경로를 재검토하고 새로운 경로를 발굴해 배송 효율성을 높이는 전문가로 활약하고 있다.

직원이 늘 일을 잘하는 건 아니다. 인간인지라 실수도 한다. 경영자에게 필요한 것은 직원이 실수를 저지르더라도 다른 환경에서 능력을 발휘하리라 믿고 지켜봐 주는 용기다. 그러다 보면 숨겨진 재능이 빛을 발할 기회가 생긴다. 배송반에서 문제를 일으키다가 경로편성부에서 능력을 발휘한 다나카처럼 적성을 고려해 장점을 키울 부서에 배치하면 직원도 성장하고 회사도 성장한다. 인재를 적재적소에 배치하는 것이야말로 리더가 반드시 갖춰야 할 덕목이다.

◦ 능력주의의 바탕은 평등이 아닌 공평 ◦

능력주의는 공평한 평가를 기반으로 이루어져야 한다. 객관적인 잣대 없이 사장 마음대로 직원을 평가한다면 누구도 납득하지 못한다. 이를 방지하고자 다마고야는 서비스, 콜센터, 조리·취반 등 각 부문 책임자가 직원의 근무 태도를 항목별로 날마다 평가한다.

반찬을 담는 부서라면 '왼손으로 호일을 까는 동시에 재빨리 오른손으로 생선을 담는다'는 점이 높은 평가를 받아 시급이 오르는 식이다. 책임자의 독단적인 평가가 되지 않도록 파트타임, 정직원의 의견까지 골고루 반영한다.

조리·취반 부서 직원이 일하는 시간은 새벽 4시부터다. 내가 출근하는 시간인 9시에는 아침 일찍 일하는 직원들의 모습을 보기 어렵다. 그렇다고 임원들 말만으로 직원을 평가할 수는 없는 노릇이다. 그래서 나는 본사 3층에 조리, 취반 등 도시락을 제조하는 전 과정을 모니터링하는 카메라 50대와 비디오 모니터를 2대 설치하고 직원들이 일하는 모습을 꼼꼼히 체크한다.

직원 평가의 항목은 부서마다 다르지만 공통으로 중시하는 항목은 지도력이다. 조리 능력, 영업 능력처럼 개인적인 능력도 중요하지만, 자신이 습득한 기술이나 지식을 동료와 부하직원에게 알려주고 교육하는 능력을 지닌 사람을 높게 평가한다. 지도력을 중요한 평가 항목으로 채택한 뒤부터 신입 직원들을 열심히 지도하는 직원들이 늘었다.

급여나 상여금은 고용 형태에 따라 달라진다. 연봉제인 정직원은 2월 말부터 3월 초까지 인사 담당 임원이 전 직원과 면담한다. 이 자리에서 직원에게 전년도 업무 평가 결과를 알려주고 내년도 연봉을 제시한다. 배송 기사의 경우, 각반의 반장이 인사 평가와 실적을 기반으로 연봉 희망액을 제출한다. 이를 바탕으로 인사 담당 임원들이 회의를 거쳐 적정 금액을 정한 뒤 보고하면 내가 최종 금액을 결정하고 마지막으로 반장을 만나 의견을 묻는다.

"우리 반의 핵심 인재인데 생각보다 액수가 낮은 것 같습니다. 제가 처음에 제시한 액수대로 해 주시면 안 될까요?"

가끔은 이처럼 반장이 간곡한 요청을 해 오기도 한다. 도저히 납득하기 힘든 액수가 아니라면 대개는 반장의 의견을 받아들인다.

눈부신 활약을 펼쳐 연봉이 대폭 인상되는 직원도 있고 낮은 평가와 부진한 실적 탓에 연봉이 하향 조정되는 직원도 있다. 직원 쪽에서 이견을 제시하면 언제든지 대화의 자리를 마련한다. 그리고 업무 평가 결과를 공개해서 그렇게 평가받은 이유를 설명해 준다. 객관적인 수치와 항목 내용을 투명하게 공개하므로 직원의 수용도도 높은 편이다.

능력주의라고 하면 실적이 부진한 직원, 능력이 부족한 직원을 가차 없이 잘라내는 이미지가 떠오르곤 한다. 실제로 능력주의라는 이름 아래 대규모 정리해고를 단행하는 기업도 적지 않다. 그러나 오해 없기를 바란다. 다마고야의 능력주의는 직원을 자르기 위한 마이너스 능력주의가 아니다. 일을 더 잘하는 사람, 회사에 더 공헌하는 사람에게 더 많이 보상하는 플러스 능력주의다.

이것이야말로 공평한 시스템이 아닐까? '평등'한 시스템이 아닌 '공평'한 시스템이 사람을 움직인다고 믿는다. 능력주의를 시행하면 회사의 기대치에 못 미치는 아르바이트생이나 직원이 나오기 마련이다. 그럴 경우 시급이나 연봉을 깎기도 하지만 절대 해고하지 않는다. 열심히 일하려는 의지만 있다면 적성을 찾아 능력을 발휘할 자리를 찾아 준다. 기존 부서에서 부진을 면치 못하다 다른 부서로 옮긴 뒤 물 만난 물고기처럼 신나게 일하는 직원이 적지 않다.

아울러 업무와는 관계없지만 결혼해서 어린 자녀가 있거나 노부모를 돌보는 직원이라면, 근무시간을 탄력적으로 조정한다. 실적이 부진해도 혹은 개인적인 사정으로 남들만큼 일하진 못해도 일하고자 하는 의욕만 있다면 기회를 준다. 그와 동시에 열심히 일하고 실적을 쌓아 회사에 공헌하는 직원에게는 제대로 보답한다. 이처럼 다마고야는 온정주의와 능력주의가 절묘한 균형을 이루면서 지금까지 성장해 왔다.

고객도 직원도 만족하고 사회에도 공헌하는 산포요시 정신을 실현하면서 다마고야를 '가업'에서 '기업'으로 도약시키는 것, 이것이 내가 입사하면서부터 가졌던 목표다. 아무리 회사 규모가 커져도 직원이 일하는 보람을 느끼지 못한다면 산포요시 실현은 불가능하다. 아버지가 지켜 온 다마고야의 가족적인 분위기와 직원들의 강한 유대감을 그대로 유지하면서 철저한 능력주의로 다마고야 기업을 한 단계 성장시키고 싶었다. 엄정한 손익계산과 복잡한 이해관계로 이루어진 대기업 혹은 상장 기업이라면 어려웠으리라. 조직이 심플하고 사장과 직원 간의 거리가 가까운 중소기업이었기에 이런 혁신이 가능했다고 생각한다.

· 현장에 책임과 권한을 위임하라 ·

20반으로 구성된 배송반의 역할은 배달 지역을 분담해 효율적으로 도시락을 배달하는 것만이 아니다. 나는 배송반이 곧 하나의 작은 기업이라고 생각한다.

한 배송반에 12대의 차량이 배치되고 12개의 경로를 책임진다고 하자. 배송차 한 대가 하루 400개 도시락을 배달한다면 12대로는 총 4,800개를 배달한다. 1년에 주말과 공휴일을 제외한 250일 동안 배달을 한다고 가정했을 때, 배송반 하나가 연간 약 5억 엔의 매출을 낸다는 계산이 나온다. 이렇게 따지면 그 배송반은 매출 5억 엔을 올리는 중소기업과 다름없다.

반장은 사장으로서 모든 권한과 책임을 지고 업무를 관리하고 소속 멤버들을 진두지휘한다. 배송 기사의 기본 업무는 오전 중에 400개 도시락을 배달하고 오후에 400개 용기를 회수하는 것이다. 여기에 틈틈이 영업 업무도 수행한다. 반에는 영업에 능한 직원도 있고 서툰 멤버도 있다. 반장 입장에서는 영업을 잘하는 직원에게 영업 일을 맡기고 싶은 게 당연하다. 그래서 영업에 능한 직원을 배달이나 회수보다 영업에 집중시키기 위해 오후에 도는 용기 회수 업무를 줄여 준다. 배송차에 늘 정장을 실어 두고 영업을 나갈 때 갈아입는 기사들도 있다. 용기를 회수하는 일은 영업에 서툰 직원에게 맡기고 대신 영업 일은 그만큼 줄여 준다. 이처럼 반장은 배송을 정확하게 완료하는 일에 더해 반의 매출을 올리기 위해 직원의 업무를 분담하고 조율하는 역할도 한다.

아무리 영업을 뛰어도 배달량을 늘리기 어려운 지역도 있다. 고탄다 지역처럼 입지는 좋지만 기업이 점점 줄어드는 곳이 대표적이다. 최근에는 고탄다에 스타트업 기업이 모이고 있지만 아직 다마고야와 계약할 만한 규모의 회사는 많지 않다. 배달량이 늘지 않는 지역의 경우, 배송차에 싣는 도시락 수가 하루 평균 200개에 불과할 때도 있다. 그렇다면 배송 경로를 재편성해서 차량 한 대당 싣는 도시락 수를 늘리면, 차량을 한 대 줄이는 것도 가능할 터다. 이처럼 주문량을 늘리기가 여의치 않으면 다른 방법으로 비용을 절감하는 대안을 고민한다.

20반을 20개의 기업으로 간주하고 책임과 권한을 위임하면 반마다 자주적으로 판단하고 행동한다. 그 결과, 매출을 올리거나 낭비를 줄여서 회사 실적에 기여하는 것이다.

반마다 업무 스타일도 제각각이다. 점심시간에 만나 회의를 한 뒤 오후에 본사에 돌아와 정산만 하고 바로 해산하는 반이 있는가 하면, 점심시간에는 각자 자유롭게 보내다가 오후에 본사로 돌아와 10~15분 회의를 여는 반도 있다. 멤버 구성도 제각각이다. 반마다 연봉제 직원, 월급제나 일급제 아르바이트생이 다양하게 배치되어 있는데 이들의 고용 형태나 급여 또한 적정한 한도 내에서 반장과 당사자가 의논해서 결정한다.

단, 실수에 대해서는 단호하게 주의를 준다. 예를 들어 본사에 돌아오고 한참 후에 타임카드를 찍는 경우 회사 입장에서는 부당하게 인건비를 지급하게 되므로 재발 방지를 위해 반별 근무시간은 본사에서 꼼꼼히 관리한다. 의심쩍은 경우에는 한 달에 한 번씩 열리는 영업 회의에서 "요즘 ○○의 초과 근무 수당이 과하게 늘어난 것 같은데?"라며 반장에게 넌지시 언질을 준다. 반면 반장이 수당에 대해 미리 선수를 치기도 한다. "다음 달은 전원이 영업을 뛸 예정이라

잔업비가 늘어날 것 같습니다. 하지만 주문량을 이만큼 늘려올 테니 비용 대비 효과는 뛰어날 겁니다."라는 식으로 말이다.

반장이 리더십을 발휘해 멤버들을 잘 이끈다면 더할 나위 없지만 다나카의 경우처럼 부하직원과 갈등을 빚는 일도 더러 발생한다. 의견 충돌이 잦은 직원들이 있다면 그중 한 명을 다른 반에 배치하는 식으로 대처한다. 그러기 위해선 직원의 성향을 미리 파악해 둬야 한다. 직원의 연차가 쌓이면 업무가 적성에 맞는지, 재능이 있는지가 보인다. 영업에 능력이 있으면 요코하마처럼 영업할 기회가 많은 지역으로 재배치한다.

다른 직원들과 마찰을 일으켜 "우리 반에서는 함께할 수 없습니다."라는 지적을 받은 신입 직원이 있다면? 일단 다른 반장들에게 해당 직원의 프로필을 전달한다. "우리 반에서는 별문제 없을 것 같습니다. 제가 한번 맡아 보죠."라고 말하는 반장이 있으면 그쪽으로 보내 다시 기회를 준다.

· 조직에 변화를 줘야 썩지 않는다 ·

2016년 1월, 서비스 부서에 대대적인 조직 개혁을 단행했다. 총 20반으로 구성된 서비스 부서는 지금까지 내가 가장 신임하는 임원 두 명이 총괄해 왔다. 배송반은 지역별로 나뉘어 각 지역의 고객들을 관리한다. 그러다 보니 반별로 고객을 관리하는 수준과 실적에 차이가 생겼다. 이전까지는 하루 100개 이상 주문하는 고객사에 대해서는 지역에 관계없이 두 임원들이 담당해 왔다. 일종의 VIP 고객관리인 셈이다. 예컨대 배송 7반에 하루 100개 이상 도시락을 주문하는 회사가 있다면, 임원이 매달 한 번씩 방문해 담당자를 만난다.

"다마고야 서비스에 만족하시나요?"

"배송 기사에게는 말하기 어려운 점이나 도시락에 대한 불만, 혹은 요청 사항이 있다면 말씀해 주십시오. 사장님께 직접 전달하겠습니다."

이처럼 총괄 매니저로서 큰손 고객들을 관리해 온 임원 두 명을 인재 양성에 더욱 집중시키기 위해 2017년 1월에 승진시키고 현장 일에서 손을 떼게 했다. 대신 20반을 다섯 개의 권역으로 나누고 매니저직을 신설해 직원 다섯 명을 배치하고 임원 두 명이 하던 일을 분담시켰다. 직함이 올라간 만큼 월급도 올렸다. 매니저직을 사내 공모한 결과 배송 반장을 포함해 스무 명가량이 신청했고 시험과 투표로 다섯 명이 선발되었다. 그리하여 서비스 부서는 다섯 개 권역을 담당하는 매니저 다섯 명이 20반을 총괄하는 조직 형태로 탈바꿈했다.

배송 반장 중에서 매니저로 뽑힌 사람도 있고 떨어진 사람도 있다. 탈락한 사람 입장에서는 자신과 동등했던 반장이 자기 위로 승격해서 이런저런 지시를 내리니 못마땅했으리라. 상황이 이러다 보니 공공연히 매니저의 지시를 무시하거나 거부하는 일도 생기기 시작했다. 매니저와 반장의 마찰이 반년가량 지속되자 본사도 적극적으로 대응했다. 반의 담당 지역을 바꾸거나 멤버를 교체하는 등 반을 대대적으로 재편성한 것이다. 그렇게 1년이 지나자 겨우 새로운 체제가 안정화 단계에 이르렀다. 현 체제가 다마고야에 가장 이상적인지 장담하기는 이르다.

매니저가 되면 3년간은 직위와 월급을 보장한다는 조건으로 새 체제가 출범했지만, 최근 1년간 권역마다 실적에 상당한 차이를 보이고 있다. 배송반 중에는 '그 매니저 밑에서 3년은커녕 1년도 더 못 하겠다'는 불만이 쏟아지는 곳도 있다. 2년차가 마무리되면 관리 체제를 재검토해서 대대적인 쇄신에 착수할 예정이다.

조직이나 인사가 경직되는 순간 회사의 미래에 경고음이 울린다. 상황에 따라 유연하게 변하는 조직은 강하다. 관료주의에 젖은 조직에 성장을 기대하는 건 어불성설이다. 사람을 성장시키는 것은 변화다. '자리가 사람을 만든다'는 말처럼 역할이 바뀌면 현상을 보는 관점도 달라진다. 자신의 새로운 가능성을 발견하기도 하고 부족한 능력을 깨닫기도 한다. 물이 고이면 썩기 마련이다. 조직이 정체되지 않도록 변화와 활력을 주는 것이 경영자가 해야 할 일이다.

• 스탠퍼드 MBA 강단에 서다 •

2007년 어느 봄날, 미국에서 국제전화 한 통이 걸려 왔다. 후시미 신야라고 이름을 밝힌 상대는 캘리포니아주 스탠퍼드대학교에서 유학 중이라며 자신을 소개했다. 나와는 초면이지만 다마고야에 관심이 있어 전화했다는 것이다.

그는 일본의 대기업 직원으로 계열사에 외근을 나갈 때마다 회사에서 주문한 다마고야 도시락을 자주 먹었다고 한다. 얼마 뒤 그는 회사의 지원을 받아 스탠퍼드 경영대학원에 MBA 유학을 가게 되었다. 스탠퍼드 경영대학원은 전 세계에서 탁월한 경영자, 사업가, 경영 간부, 고급관료 등이 모이는 최고의 비즈니스스쿨로 정평이 나 있다.

후시미 씨는 수업 과제로 다마고야에 관한 분석 리포트를 제출했는데 리포트를 읽은 교수가 깊은 관심을 보여 다마고야를 주제로 사례연구를 진행하고 싶다는 내용이었다.

하루 평균 판매량 6만 개. 오전 9시에 주문을 받아 세 시간 만인 정오에 배송 완료. 폐기율 0.1퍼센트 미만. 450엔이라는 합리적인 가격에 건강하고 맛있고 푸짐한 메뉴 구성. 후시미 씨는 자신이 다마고야 도시락을 먹던 경험을 토대로 자료를 찾아 리포트를 작성했다. 그리고 그걸 본 SCM 분야의 세계적인 권위자인 황승진 교수가

"무척 흥미로운 사례다. 직접 회사 대표를 만나 이야기를 듣고 싶다."며 만남을 주선해 달라고 요청한 것이다.

"한때 다마고야 도시락을 맛있게 먹던 기억으로 리포트를 작성했는데 일이 이렇게 커질 줄은 미처 몰랐습니다. 황 교수님이 사례 연구에 활용하실지는 모르겠지만, 꼭 한 번 대표님을 찾아뵙고 싶다고 하십니다. 검토해 주실 수 있겠습니까?"

나는 흔쾌히 제안을 수락했다. 다마고야가 세계 최고 경영대학원의 연구 대상이 된다고 하니 무척 뿌듯했다. 그해 여름, 후시미 씨와 황 교수가 다마고야에 찾아왔다. 황 교수는 다마고야의 경영에 대해 심도 깊은 질문을 했고 나는 이 책에 쓴 내용을 차근차근 설명했다. 황 교수는 감탄하며 다마고야를 사례연구로 다루겠다고 말했다.

2개월 후, 황 교수와 후시미 씨가 정리한 영어 논문이 다마고야에 도착했다. 그중 일본어로 번역된 내용을 검토해서 다시 보냈고 논문이 드디어 완성됐다! 그해 10월 1일 스탠퍼드 경영대학원의 SCM 강좌에서 다마고야에 관한 논문은 첫 사례연구로 발표되었다.

후시미 씨에 따르면 다마고야의 사례연구는 학생들의 뜨거운 호응을 받았으며 특히 두 가지 포인트에 질문이 집중되었다고 했다.

첫 번째는 다마고야에서 활약하는 직원에 대한 것이었다. 어느 업종이든 업계 1위 기업은 뛰어난 인재를 모아서 업무 효율을 높이기 마련이다. 그런데 다마고야는 사회적인 기준에서 우수하다고 하기 힘든 직원들로 도시락 업계의 선두주자가 된 비결이 궁금하다는 것이었다. 더군다나 직원 대다수가 폭주족이나 학교 중퇴자 등으로 이루어져 있다는 이야기를 듣고 경악을 금치 못했다는 후문이다.

두 번째는 프랜차이즈화에 대한 것이었다. 다마고야 정도의 비즈니스 모델이라면 오사카나 후쿠오카 등 일본 전역에 진출할 수 있을 텐데 사업을 확장하지 않는 데 의문을 표하는 학생이 많았단다. 자본주의가 발달한 미국의 경영학도 눈에는 사업이 번창하는데 프랜차이즈화하지 않는 이유가 납득이 가지 않았던 모양이다.

후시미 씨는 나에게 스탠퍼드에 한번 와 달라는 부탁을 했다. 수업이 끝나고 학생들 사이에서 다마고야 사장을 직접 불러 이야기를 듣고 싶다는 요청이 쇄도했다는 것이다. 이번에도 단번에 승낙했다. 2007년 11월 16일 나는 스탠퍼드 경영대학원 강단에 올랐다. 나중에 안 사실이지만 같은 시기에 도요타의 조 후지오 회장도 스탠퍼드 경영대학원에서 연설자로 초청되었다고 한다.

황 교수가 작성한 사례연구 보고서는 스탠퍼드대학교뿐만 아니라 미국의 다른 대학교에서도 열람이 가능했던 모양이다. 하버드대학교를 다니는 지인이 "사례연구로 다마고야가 나오길래 무척 놀랐다."며 연락해 왔다. 다마고야의 사례는 비단 SCM 분야뿐만 아니라 직원의 잠재력을 최대한 끌어내는 인재 관리 분야에서도 인용된다고 한다. 미국이라고 하면 글로벌기업의 이미지가 강하지만 일본과 마찬가지로 중소기업이 압도적인 다수를 차지한다. 미국의 중소기업도 인력난으로 고민하며 인재를 활용하는 비결에 관심을 보인 것이리라.

황 교수는 다마고야의 사례연구를 업데이트하기 위해 2년에 한 번씩 일본을 찾는다. 처음 만났을 때와 변함없이 다마고야 도시락을 먹으며 환담을 나누곤 한다.

제2부

사업을
키운다는 것

제7장

달�걀 장수가
1,000억 기업을
만들다

• 품질로 승부할 수 없다면 가격으로 승부하라 •

"도시락집 이름이 왜 다마고야(달걀 가게)인가요?"

사람들에게 자주 받는 질문 중 하나다. 여기에 답하려면 아버지의 인생 궤적을 되돌아볼 필요가 있다.

다마고야를 창업한 아버지는 이바라키현 미토 출신이다. 미토에서 일가는 친척에게 조그만 땅을 빌려 집을 짓고 살았다. 앞마당에서 키운 닭이나 토끼를 팔아서 겨우 식구들 입에 풀칠할 정도였다고 한다. 무일푼으로 시작한 장사는 시간이 지날수록 규모 있는 양계장으로 성장했다. 사업은 탄탄대로를 달리는 듯싶었지만 예상치 못한 위기를 만나고 만다. 직원에게 사기를 당해 전 재산을 모조리 빼앗기고 부도가 난 것이다.

빈털터리가 된 일가는 야반도주하듯 도쿄로 향했다. 당시 초등학생이던 아버지만은 미토에 남겨져 친척 집에서 지내다가 중학교 1학년이 되어서야 도쿄로 올 수 있었다. 가족은 도쿄 오모리에 터를 잡고 근처에 사는 친척네 처마 밑에 좌판을 깔았다. 달걀이나 닭고기, 쌀 등을 팔아 근근이 생계를 이어갔고 아버지는 야간열차를 타고 미토로 가서 물건을 공수해 왔다.

"다마고야상(달걀 장수)!"

당시 이웃들은 아버지를 이렇게 불렀다. 이것이 바로 다마고야라는 이름이 생긴 유래다.

아버지는 고등학교를 졸업한 뒤 은행에 취직했다. 돈에 대한 감각과 장사의 기초를 배우기 위해서였다. 어느 정도 사업에 자신감이 생기자 사표를 내고 가족이 하던 장사에 손을 보탰다. 처음에는 고기와 달걀만 취급했지만 사업이 번창하면서 생선도 판매하기 시작했다. 1969년 내가 태어났을 당시, 일가는 오타구의 간논도리라는 상점가에서 정육점과 생선 가게를 운영하고 있었다. 작은 아버지는 정육점, 아버지는 생선 가게 담당이었다.

유치원에 다닐 무렵으로 기억한다. 아버지가 운전하는 삼륜차 조수석에 타고 쓰키지 수산시장에 가곤 했다. 생선 장수는 새벽 3~4시에 일어나 어시장으로 출발하는 게 보통이다. 그래야 가장 신선한 생선을 살 수 있으니까. 하지만 워낙 아침잠이 많은 아버지는 아무리 일찍 일어나봤자 오전 8~9시였다. 그때 가봐야 가장 좋은 물건은 이미 다른 생선 장수에게 팔리고 난 뒤다.

하지만 장점도 있었다. 대부분의 물건들을 상당히 저렴한 가격에 구입할 수 있었으니 말이다. 부지런한 생선 장수들이 썰물처럼 빠져나간 뒤에는 반값 할인을 시작한다. 아버지는 그럭저럭 괜찮은 생선을 시세보다 싸게 구입해 손님에게도 싸게 파는 방식으로 가게를 키워 나갔다.

오전 8~9시는 나도 눈을 뜰 시간이라 아버지와 종종 함께했다. 방학 때는 소풍 가는 마음으로 신나게 삼륜차 옆에 올라탔던 기억이 난다. 오래된 차라서 가던 중에 종종 브레이크가 고장 났는데 그럴 때면 아버지는 달리는 차 안에서 운전석 문을 벌컥 열어젖히고 오른발을 땅에 질질 끌면서 차를 세우곤 했다. 아버지가 어시장에서 생선을 사들이는 동안 나는 파닥거리는 가재나 미꾸라지 구경에 정신이 팔려 시간 가는 줄 몰랐더랬다.

초등학교 저학년 때는 생선 가게 앞에서 바람잡이를 했던 기억도 난다. 누나와 가게 주변을 서성이다가 누군가 지나가면 괜스레 옆으로 가서 "아이 추워!" "오늘 같은 날은 뜨끈한 생선찌개 먹고 싶다." 하고 대사를 주고받으며 가게로 손님을 끌어들이곤 했다.

• 새로운 타깃층과 니즈를 발굴하다 •

사업적인 감각이 남달랐던 아버지는 생선 가게가 잘되자 사업을 확장하기로 결심했다. 1973년에 돈가스 가게를 오픈한 것이다. 본래는 주당으로 소문난 할아버지가 집에서 마음껏 벗들과 술잔을 기울일 수 있도록 만든 조촐한 가게였으나 개점하고 입소문이 퍼지자 낮에는 손님들로 발 디딜 틈 없이 붐볐다. 아카사카의 고급음식점에서 일하던 요리사를 스카우트하는 등 맛에 아낌없이 투자한 덕분이 아닐까 싶다.

그러던 어느 날 점심 때 가게에 자주 오던 근처 공장에서 "도시락을 주문하고 싶다."는 의뢰가 들어왔다. 아버지는 흔쾌히 수락했고 5~10개의 도시락을 보자기에 싸서 자전거로 배달하기 시작했다. 이것이 다마고야 도시락의 시작이다.

당시 도시락을 만든 사람은 어머니였다. 요리사는 가게로 몰려드는 손님들을 소화하기에도 벅찼기 때문이다. 다행히 어머니 손맛이 느껴지는 집밥 요리가 호평을 받았는지 도시락 주문은 갈수록 늘어났다. 문득 정신을 차려 보니 하루에 50개, 많게는 무려 100개의 주문을 받고 있었다. 1970년대 오모리 일대에는 직원 20~30명 되는 소규모 공장이 많았다. 아버지는 문득 이런 생각이 들었다고 한다.

'좌석 수가 한정된 매장에서 손님이 오기를 기다리기보다 도시락

을 싸 들고 손님에게 찾아가는 게 낫지 않을까.'

그렇게 아버지는 도시락 사업에 주력하기로 결정했다.

타이밍도 적절했다. 때마침 도시락 업종이 사회적으로 각광을 받으며 급속히 확대되는 시기였다. 동네 소규모 공장들을 중심으로 도시락 수요가 증가하면서 라면집이나 우동집이 도시락 가게로 업종을 변경하는 일도 비일비재했다. 사업성이 보장된 뒤부터는 '호토 호토 도시락'처럼 대형 프랜차이즈 도시락 업체가 등장했고 일본 전역에 도시락 붐이 일었다.

1975년 다마고야가 본격적인 도시락 전문 업체로 출발했을 당시, 하루 평균 주문량은 50개 남짓이었지만 공장에서 일하는 직원들의 뜨거운 호응을 받으며 순식간에 10배인 500개로 늘었다. 하루 500개면 당시엔 제법 큰 규모였다.

개업 후 2년이 지났을 무렵, 아버지는 새로운 아이디어를 떠올렸다.

'마루노우치나 니혼바시처럼 사무실 밀집 지역에서 도시락을 팔면 어떨까?'

이 생각은 동네 이웃만을 대상으로 장사하던 다마고야가 도쿄에서 가장 큰 도시락 배달 업체로 거듭나는 전환점이 되었다.

당시 요리를 배달하는 요식업은 우동집이나 중국집이 전부였다. 그마저도 배달 가능한 지역은 2킬로미터 반경이 고작이었다. 기업체가 빼곡히 들어선 도쿄 한복판에 도시락을 배달한다는 발상 자체가 당시엔 생소했다.

일본의 내로라하는 초고층 기업 본사들이 집결한 일본의 경제 1번지 마루노우치와 니혼바시에서 어떻게 도시락을 판다는 생각을 할 수 있었을까? 이는 아버지가 은행에서 근무했던 경험에서 우러나온 것이었다. 오피스 타운에서 직장인들이 점심을 어떻게 먹는지 잘 알았던 덕분이다. 대기업이라면 직원 식당을 갖춘 경우가 많지만 중소기업은 대부분 밖에서 끼니를 해결한다. 점심시간 12시 전후로 봇물 터지듯 회사 밖으로 쏟아져 나오는 직장인 무리를 보며 아버지는 직감했다. 사무실 밀집 지역을 공략하면 공장과는 비교도 안 되게 많은 주문을 받을 수 있으리라.

당시 교통 상황도 아버지의 아이디어에 힘을 실어 주었다. 공사 중인 고속도로가 완성되면 오모리에서 마루노우치와 니혼바시까지 접근성이 한층 향상되었다. 그때까지는 오모리에서 남쪽 방향에 위치한 공장지대인 가와사키 지역을 염두에 두고 있었지만 아버지는 방향을 반대로 틀었다. 오모리에서 북쪽 방향인 도쿄 도심부의 오피스 거리를 공략 대상으로 삼은 것이다.

'블루칼라가 먹는 음식'이라는 이미지가 강한 도시락을 화이트칼라에게도 확장하겠다는 아버지의 신념이 이러한 결정에 큰 영향을 미쳤다. 워낙 사람 만나기를 좋아하는 데다 은행에서 영업부에 근무했던 아버지는 신나게 사무실을 돌아다니며 도시락을 홍보했다. 실제로 거래가 조금씩 성사되었고 1980년에 큰 거래를 성사시키면서 도시락 판매량은 수직상승했다. 대기업과의 독점 계약을 따낸 것이다.

당시 대기업 건물에는 직원 식당이 있었지만 불황이 이어지면서 식당 운영을 재검토하는 시점이었다. 아버지는 사측을 설득했다.

"이렇게 비싼 긴자 노른자위 공간에 직원 식당이 있는 건 아깝습니다. 우리에게 도시락을 주문하고 식당 공간은 임대해서 수익을 얻는 게 회사 입장에서도 훨씬 이득입니다."

결국 그 기업은 직원 식당을 닫고 도시락을 주문하기로 결정했다. 이 계약은 다마고야의 성장에 큰 디딤돌이 되었다. 대기업 한 곳의 하루 주문량이 600개가 넘는 데다 대기업과 계약 사실이 알려지면서 다마고야의 신용도가 높아졌다. 영업도 한결 수월해졌음은 물론이다. 그리하여 1982년에는 일일 판매량이 2,000개를 돌파해 도시락 업체로서 한 단계 도약할 수 있었다.

· 리더에게 필요한 자질은 무엇인가 ·

다마고야가 배달전문 도시락 업체로 새로이 출발한 1975년, 나는 초등학교 1학년이었다. 아버지는 도시락 사업에 전념하면서 기존의 생선 가게는 신망이 두터운 직원에게 일임했다. 기억을 더듬어 보면 고등학생이 될 무렵까지는 생선 가게를 운영했던 것 같다. 아버지 사업이 생선 가게에서 도시락 가게로 바뀐 것을 어렴풋이 짐작했지만 그게 전부였다. 아버지 일에는 티끌만큼도 관심이 없었기 때문이다. 솔직히 말하면 우리 집이 도시락 가게를 한다는 게 싫었다.

나는 초등학교 때부터 유소년 야구단에서 야구를 배웠다. 이렇게 말하면 사람들은 프로선수를 꿈꾸는 소년이 야구부에 들어가 열정을 불사르는 스토리를 떠올릴지도 모르겠다. 기대에 부응하지 못해 안타깝지만 나는 처음부터 야구에 별 관심이 없었다. 그저 아버지에게 등 떠밀려 야구부에 들어간 것뿐이다. 그럼 아버지는 가업을 물려줄 생각이었던 자식에게 왜 야구를 시켰을까?

아버지는 나의 타고난 기질을 분명히 파악하고 있었다. 공부 머리는 어느 정도 있고 운동신경도 나쁘지 않다. 큰 노력 없이 얻는 게 많다 보니 자만하는 경향이 있고 남을 배려하는 면이 부족하다. 자존심이 강해서 스스로 납득하지 않는 한 꿈쩍도 하지 않는다.

지금까지 살면서 아버지에게 "이제 그만 가업을 물려받아라."라거나 "앞으로 이 회사는 네가 책임질 거다." 같은 말을 한 번도 들어본 적이 없다. 아버지는 일찌감치 알고 계셨으리라. 억지로 시킨다고 순순히 받아들일 녀석이 아님을 말이다. 나중에야 들은 이야기지만 아버지는 사업을 운영하는 데 전력을 기울이는 와중에도 내가 어릴 때부터 후계자 교육에 무척 고심해 왔다고 한다. 겉으로는 전혀 내색하지 않았지만 말이다.

아버지는 아들이 이기적이고 포용력 없는 사람으로 자라지 않을까 하고 내심 걱정했던 모양이다. 유소년 야구단 입단은 이에 대한 대비책이었다. 수직적인 조직 환경에 적응시켜 자제력과 협동심을 키워 주고자 했던 것이다.

그래서 야구 경험이 전무했던 내가 초등학교 2학년 끝자락에 아버지 손에 이끌려 유소년 야구단에 입단했다. 문제는 그다음부터였다. 야구공을 쳐 본 적도 던져 본 적도 없는 나에게 적합한 포지션 따위는 눈을 씻고 찾아봐도 없었다. 결국 가장 먼 외야로 밀려나고 말았다. 심지어 외야에 날아오는 공도 제대로 잡아 내질 못해 눈총을 받았다. 해 본 적이 없으니 잡을 리가 없지 않은가.

막 야구단에 입단했을 때 누군가 "너네 아버지 뭐 하냐?"라고 묻기에 나도 모르게 "급식 센터."라고 대답했다. 실제로 그때 아버지 회사의 상호는 '다마고야 급식 센터'였으니 틀린 말은 아니었다.

"급식 센터? 도시락 가게 말이야?"

"뭐야, 너희 아버지 도시락 싸냐?"

철없는 또래들이 별 뜻 없이 내뱉는 말들이 매섭게 가슴을 후벼 팠다. 그날부터 외야에 볼이 떨어질 때마다 "어이, 거기 도시락집 아들, 공 좀 주워 와!"라는 소리를 들었다.

'두고 봐라, 열심히 연습해서 다 눌러 버릴 테다!'

속에서 부글부글 오기가 생겼다. 타고난 운동신경은 좋았기에 연습을 할수록 실력이 쑥쑥 늘었다. 덕분에 입단 1년 뒤에 주전 자리를 꿰차게 되었다. 그럼에도 마음 깊은 곳에서는 '도시락집 아들'이라는 별명을 부끄러워하는 마음이 사라지지 않았다. 번잡한 상점가 출신인지라 나는 회사원 아버지를 동경했다. 아침마다 양복을 멀쑥하게 차려입고 회사로 출근하는 어른들이 얼마나 멋지게 보였는지 모른다.

● 존폐 위기에서 일어선 힘 ●

도시락을 판 돈으로 여유로운 학창 시절을 보내면서도 도시락집 아들이라는 사실을 창피하게 여기던 철딱서니 없던 시절, 그런 나조차도 '이러다 큰일 나는 거 아닌가' 하고 마음을 졸였던 적이 있다. 1982년 5월의 어느 날 다마고야의 최대 고객인 대기업에서 도시락을 먹은 직원들이 집단 식중독을 일으킨 것이다. 당시 나는 중학교 2학년이었다.

처음에는 원인을 몰랐다고 한다. 아침 일찍 전날 다마고야 도시락을 먹은 직원이 의무실로 찾아와 복통을 호소했다. 이후 비슷한 증상을 호소하는 직원이 속출했고 급기야 150명까지 늘어나자 '어제 먹은 다마고야 도시락에 문제가 있었던 건 아닌가'라는 의심에 이른 것이다.

아버지는 아직도 그날 일을 제대로 기억하지 못한다. 청천벽력 같은 소식을 듣고 머릿속이 하얗게 변한 탓이다. 당장 어떻게 대처해야 할지 갈피도 잡을 수 없었다고 한다.

대기업에서 발생한 집단 식중독 사건은 그날 저녁부터 뉴스와 신문을 도배했고 이튿날 아침에는 방송국과 신문사 기자들이 다마고야에 들이닥쳤다. 뉴스를 본 고객들의 항의 전화가 빗발쳤다. 집에도 기자들이 찾아왔다. 아버지에게서 전화를 받은 할머니는 수화기를 쥔 채 거품을 물고 쓰러졌다. 사람 입에서 거품이 뿜어져 나오는 일 따위는 만화에서나 벌어지는 일이라고 생각했는데 실제로 목격하니 더더욱 무섭고 두려웠다.

도시락 업계에서 식중독 사건이 기업 이미지에 치명타라는 건 자명한 사실이다. 설상가상 피해를 입은 고객은 다마고야 주문량의 자그마치 40퍼센트를 차지하는 대기업이었다. 방송과 신문에서 연일 식중독 사건을 대대적으로 보도하는 상황이었으니 상황은 걷잡을 수 없이 커졌다.

'여기까지다. 이제 회생은 불가능하다.'

아버지는 최악의 결심을 했다. 결국 식중독 사건은 직접적인 원인도 밝혀내지 못한 채 흐지부지 끝나 버리고 말았다.

문제의 도시락을 싼 당일은 평소보다 많은 주문이 들어왔다. 조리와 배송 면에서 수용치를 넘을 정도였다. 아무래도 주문량을 맞추려다 보니 평소보다 빨리 도시락을 조리해 배송차 안에 오랜 시간 쌓여 있었을 것이다. 그것이 원인이 아니었을까 싶다. 당일 날씨가 상당히 더웠던 사실도 영향을 미쳤으리라.

식중독 사건으로 다마고야는 일주일 영업정지 처분을 받았다. 예상대로 고객사들의 주문 전화는 뚝 끊겼다. 경쟁 회사가 다마고야와 거래한 기업들을 돌아다니며 고객을 유치한다는 소문이 들려왔다. 당장 계약을 취소하고 싶다는 문의가 줄을 이었고, 회사를 떠나는 직원들이 속출했다. 그야말로 벼랑 끝에 내몰린 상황이었다.

"끝낼 때 끝내더라도 마지막으로 실컷 즐기고 끝내자!"

아버지는 남은 직원들을 이끌고 이즈온천으로 향했다. 나는 어려서 동행하지 않았지만 듣기로는 전 직원이 노천탕에 들어가고 술을 진탕 마시고 노래를 부르면서 한바탕 신나게 놀았다고 한다. 한참 달아오른 술잔치의 열기가 조금씩 잦아들 무렵, 한 직원이 머뭇거리며 이런 말을 꺼냈다.

"사장님, 전 그만두지 않겠습니다."

그러자 약속이라도 한 듯 다른 직원들도 하나둘씩 동참하면서 금세 분위기가 뜨겁게 달아올랐다. 아버지의 가슴 깊은 곳에서 투지의 불씨가 살아났다. 그 불씨를 활활 타오르게 만든 것은 지금까지 동고동락해 온 아버지의 파트너이자 동반자인 아내, 즉 어머니가 건넨 말이었다.

"나는 당신의 좌충우돌 악동 기질이 좋아서 결혼했어요. 회사가 망하면 좀 어때요. 이렇게 우린 살아 있잖아요. 운 좋게 회사가 커져서 그동안 어쭙잖게 경영자 행세를 해 왔지만 밑바닥부터 시작했던 거 잊었어요? 다시 그렇게 시작하면 되는 거예요."

· 마이너스부터 다시 시작하다 ·

창업 이래로 꾸준히 주문량을 늘려오며 성장해 왔지만 식중독 사건으로 다마고야는 한순간에 나락으로 떨어졌다. 고객이 등을 돌리면서 주문량이 폭락하고 매출은 급감했다. 회사는 존폐의 갈림길에 몰렸고 누가 봐도 재기는 불가능해 보이는 상황이었다. 더욱 절망적인 건 신용을 잃은 만큼 제로가 아닌 마이너스부터 다시 시작해야 한다는 사실이었다.

'다시는 식중독을 일으키지 않을 구조를 만들자!'

다마고야의 재출발은 여기서부터 시작되었다.

부끄럽지만 당시 도시락 업계는 위생 관리에 태만했다. 더운 여름날에 조리한 음식을 실온에 그대로 방치한 채 배달하는 일이 일상다반사였다. 밥 짓기부터 조리, 반찬 담기, 용기 세척까지 일일이 수작업으로 진행했지만 철저한 위생 관리를 위해서는 가급적 사람 손이 음식에 닿는 비중을 줄이는 것이 급선무였다.

아버지는 가장 먼저 생산 과정의 기계화에 착수했다. 1호로 취반기와 배식기를 들였다. 취반기를 쓰면 쌀 씻기부터 밥을 지어 뜸을 들이기까지 원스톱으로 이루어진다. 배식기는 갓 지어진 따끈따끈한 밥을 1인분씩 도시락 용기에 자동으로 담아내는 기계로, 아직 어느 도시락 업체도 도입하지 않았을 때였다. 당시엔 대다수 도시락 업체가 기계화에 소극적이었다. 사람을 쓰면 되지 굳이 비싼 기계를 들일 필요가 있느냐는 생각에서였다.

아버지는 여기서 더 나아가 도시락 용기를 씻는 세척기도 도입했다. 이전까지는 거대한 대야에 먹고 남은 도시락 용기들을 담아 직원들이 일일이 설거지했지만 기계를 사용하니 시간도 줄어들고 훨씬 깨끗이 씻겼고, 그만큼 위생적으로 관리할 수 있게 되었다. 채소 커터기도 도입해 사람 손으로 음식을 만질 기회를 최대한 줄여 나갔다. 냉장고나 냉동고도 최신 제품으로 업그레이드하고 철저한 식자재 관리에 매진했다.

이만한 설비 투자를 하려면 상당한 자금이 필요하다. 당시 새 공장을 만든 지 얼마 안 된 시점에서 공교롭게 식중독 사건이 터진 뒤라 다마고야의 재정은 몹시 어려운 형편이었다. 그럼에도 아버지는 사비를 탈탈 털고 모자란 부분은 은행에서 대출을 받아 최신식 기계를 들였다.

경영 컨설턴트가 있었다면 펄쩍 뛰며 말렸을 게 분명하다. 그랬더라도 아버지의 결심은 달라지지 않았으리라. 고객에게 질 좋고 안심할 수 있는 도시락을 제공하는 것, 아버지는 오직 그 일념 하나로 다마고야를 다시 일으켜 세웠기 때문이다.

· 실패를 교훈 삼아 새롭게 도약하다 ·

식중독 사건으로 대다수 고객사가 다마고야 도시락을 먹지 않겠다며 계약 해지를 통보해 왔지만, 고맙게도 몇몇 회사는 신뢰를 접지 않았다. 다마고야가 사회적인 질타를 받았음에도 다시 한 번 기회를 주었다.

그중에서도 직접적인 피해자인 대기업이 거래를 유지하기로 한 것은 다마고야가 다시 일어서는 데 큰 힘이 되었다. 회사 측에서는 다른 도시락으로 바꿀 방침이었으나 직원들이 나서서 "앞으로도 다마고야에서 도시락을 먹고 싶습니다."라고 요청했다고 한다. 아버지와 직원들은 무릎을 꿇고 깊이 사죄했다. 진심이 통한 걸까? 담당자에게서 "임원들의 비난을 받을지도 모르지만, 앞으로도 다마고야 도시락을 계속 주문하겠습니다."라는 답을 들었다.

식중독 사건으로 다마고야는 사업 존속의 위기에 내몰렸으나 그 과정에서 값지고 귀한 교훈을 얻었다. 무엇보다 음식을 다루는 일을 하는 사람으로서 위생 관리가 얼마나 중요한지 뼈저리게 느꼈다. 이를 위해 기계화를 시행한 것이 결과적으로 도시락을 대량생산하는 시스템을 구축하는 계기가 되었다.

고객에 대한 의식도 달라졌다. 언젠가 아버지는 이렇게 말했다.

"그 사건이 터지기 전까지는 고객의 입장에 서서 진지하게 생각해 본 적이 없었어. 하지만 식중독 사건 이후로 고객이 질 좋고 맛있는 도시락을 먹었으면 하는 마음이 진심으로 우러나오게 되었지."

동네 요릿집으로 출발한 도시락 가게가 고객의 평가를 받으면서 앞만 보고 달려왔다. 그날그날 도시락 주문을 받고 배달하는 데 급급해 기업 이념이나 경영 철학을 고심할 겨를이 없었던 것도 사실이다.

고객 만족CS: Customer Satisfaction이나 기업의 사회적 책임CSR: Corporate Social Responsibility이라는 개념조차 정립되지 않았던 시절, 다마고야는 식중독 사건을 겪으며 CS와 CSR의 의미를 몸소 깨달았다. 진심으로 고객을 만족시킬 도시락을 만들어야겠다는 신념이 생겼다.

벼랑 끝까지 몰리는 위기를 겪은 후 환골탈태의 일념으로 묵묵히 나아간 끝에, 다마고야는 다시금 고객의 신뢰를 얻고 일어설 수 있었다. 위기는 곧 기회라고 했던가. 식중독 사건은 다마고야가 경영 마인드를 새롭게 다지고 기업으로서 한 단계 성숙해지는 계기가 되었다.

제8장

사장이
된다는 것

• 사장이 되고 싶다는 막연한 꿈 •

고등학교 졸업 시즌이 다가왔다. 어릴 적부터 이어온 야구 활동을 마무리 지은 뒤 스스로 물음을 던졌다. 앞으로 무엇을 하고 싶은가. 구체적으로 생각한 적은 없었지만 막연한 꿈은 있었다. 바로 사장이 되고 싶다는 것. 그러나 가업을 물려받겠다는 의미는 아니었다.

그 무렵 다마고야는 하루 평균 주문량이 8,000개를 넘으며 나름대로 견실한 중소기업으로 성장하고 있었다. 아버지도 일견 최고경영자다운 아우라를 풍겼다. 하지만 나는 도시락집이 싫었다. 좀 더 번듯하고 남이 부러워할 만한 일을 하고 싶었다. 부모에게 선물 받은 비싼 자동차를 몰고 다니는 동급생들을 보며 '나도 아빠가 대기업 직장인이었다면…' 하고 부러워한 적이 한두 번이 아니었다. 지금 생각해 보면 부끄럽기 짝이 없다.

집에서 100미터 남짓 떨어진 곳에 도시락 공장이 있는데 고등학교 2학년 때까지 단 한 번도 발을 들여놓은 적이 없었다. 처음으로 고등학교 3학년 여름에 야구부 부원들과 공장에 갔다. 고시엔 진출에 실패하고 시간이 남아돌자 마작이나 해볼 요량으로 찾아간 것이다. 공장 내 응접실에 마작 전용 탁자가 있어서 밤을 꼬박 새워 가며 신나게 마작을 하는데 어디선가 인기척이 들려왔다. 주변을 둘러보니 새벽 5시. 출근한 직원과 가볍게 인사를 나누었지만 그들이 정확히 무슨 일을 하는지는 알지 못했다. 아니, 알고 싶지 않았다.

언젠가 사업을 일으켜 멋진 사장이 되고 싶다는 꿈속에 도시락집을 물려받아 다마고야 사장이 된다는 선택지는 존재하지 않았다. 사회적으로 번듯하게 성공한 사람이 되고 싶었다.

공교롭게도 가족 중에 회사원은 손에 꼽을 정도로 드물었다. 아버지를 포함한 여섯 형제 중 누구도 직장을 다니지 않았다. 사촌형제들도 사업을 하거나 그림을 그리거나 음악을 했다. 회사원은 딱 한 명뿐이었다. 명절에 친척들이 모여 각자 근황을 나누며 이야기꽃을 피울 때도 회사원에 관한 이야기가 화제에 오르는 일은 없었다. 그래서인지 막연히 대기업에 다니는 아버지에 대한 동경은 있었지만 내가 회사원이 되고 싶지는 않았다.

자신의 특기나 강점을 살린 일을 찾아야 한다고 생각했다. 리더가 되어 팀을 이끌고 성공적으로 사업을 키운다. 이것이 내가 꿈꾸는 사장의 이상적인 모습이었다. 아버지가 은행에 들어가 장사의 기초를 배웠듯이 창업에 도움이 될 만한 회사에 들어가 사장이 될 역량을 키우자고 마음먹었다. 회사가 적성에 맞으면 그곳에서 전력을 다해 임원, 사장까지 올라가 보자는 당돌한 야심도 없지 않았다.

내가 취업 준비를 하던 1991년은 금융계 기업이 인기가 많았다. 문과, 이과 할 것 없이 은행이나 증권사를 지원하던 시절이었다. 나에게 현실적인 선택지는 은행 아니면 종합상사, 둘 중 하나였다. 외국계 기업도 생각했지만 당시만 해도 인맥에 크게 의존해 취직을 하던 때라 여의치 않았다. 야구부 선배 중에 외국계에 취직한 사람은 눈을 씻고 찾아봐도 없었으니까.

우선 대기업 은행과 종합상사 목록을 전부 뽑았다. 그중에서 추려 보니 스미토모상사, 미쓰비시은행, 후지은행으로 좁혀졌다. 스미토모상사는 나의 잠재력을 높이 평가해 주었다. 당시 7월 무렵에 최종 발표가 나오는 게 업계 상식이었으나 나는 인사부에 전화를 걸어 "5월에 최종 면접을 보고 합격이 된다면 5월 중에 통지를 받고 싶습니다."라고 요청했다. 9월부터 대학 마지막 가을 리그가 시작되는데 가급적 빨리 근무처를 결정짓고 훈련에 집중하고 싶었기 때문이다. 지금 생각해 보면 무슨 배짱이었나 싶다.

회사 입장에서는 당돌한 지원자의 요구에 어안이 벙벙했을지도 모른다. 냉정하게 거절해도 할 말이 없었을 텐데 고맙게도 인사부장이 면접 일정을 조율해 주었다. 면접 당일 이런저런 대화를 나눈 뒤 면접관은 마지막으로 이런 질문을 던졌다.

"당신이 고시엔에 출전한 고교 야구 감독이라고 합시다. 에이스 투수가 이를 악물고 활약해 준 덕분에 경기를 중반까지 잘 끌어왔습니다. 그런데 슬슬 체력적으로 한계에 다다른 게 보입니다. 구원 투수의 역량은 선발 에이스에 비하면 한참 떨어지는 상황입니다. 이때 당신은 투수를 교체하겠습니까?"

"다른 상황들을 좀 더 고려해야 하겠지만 에이스가 계속 던지게 하겠습니다."

얼마 뒤 발표가 났다. 결과는 탈락이었다. 투수를 교체하겠다고 대답했다면 합격이었을까? 당시엔 아쉬움이 남았지만 지금은 그저 인연이 아니었나 보다 싶다. 스미토모상사에 취직했더라면 해외로 발령을 받았을 테고 내 삶은 지금과 완전히 바뀌었을 것이다. 다마고야에 들어올 일도 없었으리라.

다행히 미쓰비시은행과 후지은행에는 최종 합격했다. 규모나 인지도만 보면 미쓰비시은행이 월등했지만 후지 은행은 아버지가 젊은 시절 재직했던 은행이라 선뜻 결정하기가 어려웠다.

그러던 중 리그전 중간 휴가를 틈타 잠시 본가에 돌아왔다. 현관 앞에 다마고야와 거래하는 후지은행 담당원이 안절부절못하며 서

있는 모습이 눈에 들어왔다. 무슨 일이냐고 물었더니 아버지는 사뭇 격분한 태도로 "저놈들이 어이없는 실수를 저질렀어. 도저히 용서할 수 없어서 앞으로 거래를 정지하겠다고 통보했다."라고 말씀하셨다. 담당 은행원은 아버지의 노여움이 풀릴 때까지 한참을 기다리다 겨우 허락을 받아 집 안으로 들어왔다. 그리고 무릎을 꿇고 머리를 바닥에 조아리며 용서를 빌기 시작했다. 나는 내심 놀랐다.

회사에 소속된 일개 직원이 회사의 실수를 짊어지고 고객의 집에 찾아가 상대의 마음이 풀릴 때까지 사죄한다. 직원의 진심이 느껴졌고 후지은행이 다시 보였다. 초등학교 때 유소년 야구를 시작해 줄곧 스파르타식 환경에서 자란 나에게는 상당히 충격적인 장면이었다. 그날 후지은행에 들어가기로 결심했다.

◦ 은행에서 '좋은 회사'의 기준을 세우다 ◦

후지은행에 입사하겠다는 결심을 전했을 때, 아버지는 별다른 반응을 보이지 않았지만 내심 기뻐하셨을 거라고 생각한다.

아버지는 부모가 정해 주는 진로를 아들이 수용하지 않으리라는 것을 이미 알고 계셨다. 취직 문제에 일절 관여하지 않은 것도 이 때문이다. 지금 와서 돌아보건대 아버지는 이런 마음이 아니었을까?

'자존심이 강해서 오래 버티지는 못할 거다. 내가 한때 적을 두었던 후지은행이라면 후계자 수업으로도 나쁘진 않다.'

아버지는 고등학교 졸업 후 후지은행에서 4년간 근무했다. 언젠가는 스스로 사업을 일으키고 싶었기에 대학에 진학하는 대신 현장을 직접 경험해 보고 싶어서 내린 결정이라고 한다. 역시 그 아버지에 그 아들인가 보다.

아버지는 파격적인 은행원이었다. 국민 배우 이시하라 유지로를 연상시키는 스포츠머리 스타일에, 넥타이도 안 하고 빨간 양말을 신은 채로 당당히 사내를 활보했다고 한다. '일도 열심히, 놀기도 열심히'라는 인생의 모토처럼 창구 업무든 외근 업무든 뭐든지 즐겁게 해서 영업 실적은 늘 톱이었고 일하는 와중에도 회사 강당에서 댄스 교실을 열고 노래 서클을 만드는 등 놀 때도 열정적이었다. 일도 잘하고 놀기도 잘하고 인간관계도 좋아서 4년 후 퇴직할 때는 성대한 송별회가 벌어졌다고 들었다.

내가 후지은행에 입사했을 때는 아버지의 동기나 부하직원이었던 분이 여럿 있었다. 그중 한 분은 자타가 공인하는 야구광이었는데 학창 시절 야구를 했던 내가 입사한다는 소식들 듣자 적극적으로 나서서 본인 지점으로 배속시켰다. 그리하여 내 첫 근무지는 후타코타마가와에 있는 다마가와 지점이 되었다. 지점장 또한 야구를 좋아해서 나를 크게 반겨 주었다. 당시엔 지점 대항 야구전이 있었는데 나는 유력한 주전급 후보로 주목을 받았다.

다마가와 지점에서 일한 기간은 3년에 불과했지만 값진 경험이었다. 처음 3개월은 창구에서 고객을 대응하는 기본 태도를 배웠고 이후 1년 반은 재무 정리를 담당했다. 1992년에 거품경제가 붕괴하면서 부실 채권이 눈덩이처럼 불어나자 눈코 뜰 새 없이 바빠졌다. 마지막 1년은 영업을 맡아 외근이 일상이었다.

은행에 취직해서 얻은 가장 큰 수확은 '숫자 감각'이다. 나는 숫자에 강해졌다. 정기적으로 사내 자격시험이 있어서 주말 대부분은 숫자 공부에 매진했다. 그때 고생한 덕분에 결산서를 읽을 줄 알게 되었다. 이제는 결산서에 나온 숫자만 봐도 회사의 재정 상태가 훤히 들여다보인다. 교묘히 숫자로 장난을 치는지도 금방 드러난다.

대기업에서 중소기업까지 다양한 경영자들을 직접 만날 수 있는 것도 은행에서 일하는 장점이었다. 그들과 만나고 대화를 나누면서 사업 트렌드를 배우고 창업에 대한 힌트를 얻을 수 있었다.

일반적으로 '좋은 회사'라고 하면 어떤 이미지가 떠오르는가? 매출이나 직원 수, 고객 수가 많은 유명한 대기업을 떠올리는 사람이 대부분일 것이다. 나 또한 그런 인식으로 은행에 들어갔다. 하지만 신문에 이름이 거론될 만큼 인지도 있는 기업의 대표를 만나면 언론에서 묘사한 회사 이미지와 실제 회사의 상황이 사뭇 다른 경우를 자주 목격하곤 한다.

신문 기자도 인간인지라 담당 기업처의 눈 밖에 나고 싶진 않았을 테니 내용을 과하게 부풀려서 기사로 쓰는 일도 많았을 것이다. 예컨대 지난 분기엔 적자였는데 이번 분기는 흑자에 턱걸이한 정도만으로도 "전 분기 대비 200퍼센트 상승으로 V자 회복!"이라고 대서특필하는 식으로 말이다. 그런 기사가 나도 정작 기업의 대표를 만나보면 얼굴에 수심이 가득했는데, 3년 전 실적에 비하면 형편 없는 수준이었기 때문이다.

"닛케이 신문의 큰 제목은 무시해라."

은행 선배가 가르쳐 준 조언이었다. 오히려 활자가 작은 하단 기사일수록 진실이 적혀 있음을 배웠다.

은행에서 일하면서 얻은 두 번째 수확은 좋은 회사의 기준이 생겼다는 점이다. 회사의 좋고 나쁨은 규모에 비례하지 않는다. 직원과 고객을 만족시키고 건전한 경영으로 사회에 기여하고 있는가가 더 중요하다. 요컨대 '산포요시'를 실현하는 회사야말로 좋은 회사임을 은행 3년 차에 비로소 깨닫게 되었다.

규모는 작아도 직원이 즐겁게 일하고 고객을 기쁘게 하고 사회의 발전에도 보탬이 되는 회사, 그것이 좋은 회사다. 다마고야의 결산서를 처음 봤을 때 경영자 가족이 아닌 은행원의 입장에서 인정했다. 다마고야는 좋은 회사다.

• 열정이 사라진 일에서 벗어나라 •

은행에서 연차가 쌓이면서 배워야 할 업무는 산더미처럼 늘어났지만 마음 한구석에는 '이건 아닌데…' 싶은 부분이 커져 갔다. 경기에 거품이 꺼지면서 은행 업무가 재무 정리나 부실채권 처리처럼 기계적인 일이 대다수를 차지하자 회의감이 밀려든 것이다.

어릴 때부터 야구단에서 활동하고 학생회 부회장 등을 하면서 활기차게 몸을 움직이기를 좋아했는데 사무실에만 붙박여 기계처럼 반복적인 업무에만 매달리다 보니 몸도 머리도 딱딱하게 굳는 느낌이었다.

후지은행을 설립한 야스다 젠지로는 새로운 회사를 세운 사람에게 돈을 빌려주었다. 빌린 돈을 갚지 못해도 그 돈으로 회사가 성장하고 일본, 더 나아가 세계에 기여한다면 그것으로 충분하다고 말했다. 일본의 근대화를 지탱한 야스다 젠지로의 철학에 감명받아 후지은행에 입사한 사람들이 적지 않으리라.

그런데 왜 부실채권만 잔뜩 떠안고 그 처리에만 매달려야 하는가? 잠재력 있는 회사임에도 왜 대출을 해 주지 않는가? 소극적으로 변해 가는 은행의 모습에 의구심만 커졌다. 야구광이었던 지점장의 후임으로 들어온 지점장은 대출 전문이었다. 그런데 신규 대출 안건을 올렸더니 돌아온 건 "멋대로 굴지 말라."는 질책이었다.

상대 기업이 장래가 유망해 대출을 해 주면 지점에도 유익하다고 판단했지만 지점장은 리스크가 크다며 관련 서류에 눈길조차 주지 않았다.

고객 만족을 외치면서도 본인의 출세만 우선시해 몸 사리기에 급급한 상사와 본사 눈치만 보는 지점들로 인해 피해는 고스란히 고객에게 돌아간다. 아무리 노력해도 대출 안건 하나 마음대로 하지 못하는 상황에서 나는 의욕을 잃기 시작했다.

그러던 어느 날 이대로 무기력하게 살 순 없다는 생각이 들었고 과감히 은행을 그만두기로 결정했다. 상사와 동료들은 만류했지만 마음은 이미 다음 일터를 향하고 있었다. 은행에서 배우지 못한 유통과 물류를 배우자. 그렇게 나는 은행에 사표를 쓰고 조그만 마케팅 회사로 이직했다.

· 마케팅 회사에서 물류의 중요성을 깨닫다 ·

내가 입사한 마케팅 회사의 사장은 릿쿄대학교 출신으로 7년 선배였다. 굴지의 대기업에 합격했음에도 일본 상점가를 부활시키겠다는 목표를 실현하고자 마케팅 회사를 창업한 배짱 두둑한 인물이었다.

하루가 다르게 변모하는 상점가에서도 절대 없어지지 않는 것은 술집과 쌀집이다. 그중에서도 일본인의 주식을 다루는 쌀집부터 현대적으로 바꾸어 나가자는 각오로 사장은 일본 전국을 돌아다니며 각 지역 쌀가게와 제휴해 네트워크를 만들고 컨설팅을 시작했다.

이곳에 입사하게 된 계기는 은행원 시절로 거슬러 올라간다. 내가 담당하던 거래처 직원들이 야구대회에 참가했는데 응원차 갔던 내가 어찌하다 대타로 나가게 되었다. 배트를 놓은 지 수년이 지났지만 현역으로 뛰던 가락이 있어서인지 큼지막한 홈런을 때렸다. 그때 거래처 사장이 구경차 왔었던 모양이다. 나의 활약상을 눈여겨본 뒤로 한 달에 한두 번 꼴로 내가 근무하는 지점에 와서는 자신의 회사에서 한번 일해 보지 않겠느냐고 제안했다.

무려 2년 동안 계속된 요청에 초반에는 간곡히 거절했지만 3년 후 은행 업무에 회의를 느끼기 시작한 무렵에는 나도 마음이 흔들리기 시작했다. 대기업 직장인도 경험했고 산포요시 정신도 배웠다. 공부와 경험이 부족한 것은 유통과 물류인데, 작은 회사에서라면 폭넓은 경험도 가능하리라. 소규모 마케팅 회사에서 다양한 일을 배운다면 언젠가 창업할 때 큰 도움이 될 것 같았다.

이 회사에서는 쌀가게 컨설팅을 하므로 여기서 일한 경험이 다마고야 경영에도 유용하겠다는 생각이 스치기도 했다. 그 무렵부터 다마고야를 조금씩 의식하기 시작했던 것 같다. 애써 외면해 온 가업이지만 언젠가는 그곳을 맡을지도 모른다고 말이다.

쌀가게는 저마다 작은 유통망을 가지고 있다. 바로 쌀을 배달하는 트럭이다. '쌀집 트럭이 왜 쌀만 운반해야 하는가?' 사장이 평소 품어 온 의문이었다. 쌀가게는 일본 전역에서 좋은 쌀을 조달해 가정에 배달한다. 그렇다면 내친김에 친환경 식자재나 건강 제품도 함께 배달하면 어떨까? 유기농 채소나 포도주, 프로폴리스나 폴리페놀 등 당시에는 아직 널리 알려지지 않은 물품을 취급하면 고객도 만족하고 수익도 발생하지 않을까?

은행에서 막 이직한 나도 쌀가게 트럭으로 배달할 식품, 그중에서도 아직 알려지지 않은 고품질 식품들을 찾아 일본 전역을 발에 땀나게 돌아다녔다. 복숭아는 오카야마나 야마나시가 유명한 산지로 알려졌지만 발품 팔며 돌아다녀 보니 와카야마산 복숭아도 맛이 훌륭하다는 사실을 알게 되었다.

토마토는 일본에서 무려 100종류 이상이 재배되고 있다. 일반적인 토마토의 당도는 5~6, 고당도 토마토는 8~10이다. 하지만 나는 14~15에 달하는 초고당도 토마토를 만드는 생산자를 발굴해 쌀가게 네트워크를 통한 판매를 성사시켰다. 맛있고 몸에도 좋으니 고객의 호응도 기대 이상이었다.

예기치 못한 난관도 겪었다. 가령 생산지가 아키타이고 쌀가게가 나고야라면(서울에서 전라남도 광주까지의 약 두 배 거리―옮긴이) 트럭으로 배달하기 어려우니 택배를 이용해야 한다. 당연히 배송료가 들어간다. 하지만 수량이 적으니 택배 업체와 가격 협상은 어려운 상황이었다. 이 일을 계기로 유통망을 확보하는 일이 얼마나 중요한지 깨달았다.

마케팅에 관해서도 많이 배웠다. 사장과 나를 포함한 직원들은 아직 세상에 나오지 않은, 혹은 알려지지 않은 식자재를 찾기 위해 일본 전역을 동분서주했다. 갖은 노력으로 새로운 음식을 발굴해 거래를 맺어도 고객에게 싸늘히 외면받기도 수차례였다. 문제는 타이밍이었다. 영화 중에는 소위 '시대를 앞서간 비운의 작품'이 많다. 지나치게 앞서가면 사람들의 호응을 얻기 힘들다. 장사도 마찬가지다. 3년 후, 5년 후를 앞서가면 고객은 관심을 보이지 않는다. 딱 반년 정도가 이상적이다.

쌀가게 주인들은 대대로 가업을 이어받은 경우가 많아 고지식하고 변화에 소극적인 경우가 많다. '왜 우리가 이런 상품을 취급해야 하느냐'는 주인을 납득시키느라 다섯 시간이 걸린 적도 있다. 나는 대단한 달변가가 아니다. 그럼에도 하루 17~18시간을 근무하며 새롭게 발굴한 생산자와 쌀가게 주인을 설득하고 직원들과 회의를 거듭하면서 몰라보게 언변이 좋아졌다.

직원은 달랑 세 명에다 지방 출장은 심야 버스를 이용할 정도로 조그만 마케팅 회사였다. 하지만 그곳에서 일한 2년 6개월은 경영이 무엇인지를 배운 더없이 값지고 귀한 시간이었다.

큰 은행에서 작은 마케팅 회사로 옮겼을 때도 아버지는 별다른 말을 하지 않았다. 이 또한 아버지의 시나리오 안에 있었을지도 모른다.

마케팅 회사로 첫 출근을 하던 날, 점심시간인 12시가 되자 시키지도 않은 음식이 배달되었다. 다마고야 도시락이었다. 나를 포함한 직원 세 명분 도시락을 날마다 무료로 배달하라고 아버지가 지시한 것이다. 그때 어렴풋이 느낌이 왔다. 이 회사를 끝으로 다마고야로 들어오라는 무언의 메시지를 보내고 있음을 말이다.

아버지가 평생을 바쳐 일군 도시락 가게, 그곳에서 만든 도시락을 20대 중반이 되어서야 처음으로 맛보았다. 기분이 참으로 묘했다.

'맛있다!'

이것이 다마고야 도시락을 맛본 첫 소감이었다. 당시 410엔이라는 가격이 믿기지 않을 만큼 가짓수도 많고 양도 푸짐했다. 고급 도시락에 견줘도 전혀 손색이 없었다. 새삼 아버지가 대단해 보였다.

그런데 첫인상은 기대 이상이었지만, 날마다 먹다 보니 부족한 점이 눈에 보이기 시작했다. 만일 아버지가 이것을 의도하고 도시락을 배달시켰다면 멋지게 적중한 셈이다. 양이 푸짐해서 먹고 나면 포만감이 들었지만 그저 '한 끼 때웠다' 정도로는 뭔가 부족했다. 좀 더 주문량을 늘리려면 여성이 선호할 만한 메뉴 구성이 필요했다.

배송 서비스에서도 문제점이 보였다. 2년 동안 도시락을 먹으면서 배송 기사가 총 네 명 바뀌었다. 두 명은 늘 호감 가는 태도를 보여 주었는데 그래서인지 도시락도 더 맛있게 느껴졌다. 나머지 두 명은 고객을 대하는 태도가 영 만족스럽지 않았다. 깍듯한 인사는 고사하고 책상 위에 서류뭉치들이 널려 있으면 땅바닥에 대충 내려놓고 일언반구도 없이 돌아가 버리곤 했다. 뚜껑으로 꼼꼼히 닫아 두었으니 음식에 먼지가 들어갈 염려는 없지만 아무래도 고객 입장에서는 기분이 좋을 리 만무하다.

그러면서 자연스럽게 고객 심리를 배워 나갔다. 사소한 점에 신경이 쓰인다 해도 막상 그 자리에서 구태여 불평하지는 않는다. 하지만 조그만 불만들이 하나둘씩 쌓이다가 임계점을 넘는 순간 마음이 완전히 돌아서고 만다.

다마고야 도시락은 낮 12시 배송 완료가 원칙이다. 하지만 배달을 하다 보면 피치 못할 사정으로 2~3분 늦어지는 일도 가끔 생긴다. 평소 배송 기사를 좋게 본 고객이라면 '한두 번 그럴 수도 있지 뭐'라고 관대하게 넘어갈 확률이 높다.

배송 기사에 불만을 느껴왔던 고객이라면 어떨까? 1분만 늦어도 짜증이 나서 컴플레인을 걸게 된다. (나는 부모가 경영하는 곳인지라 배달이 늦어져도 일절 불평은 하지 않았다.) 고객이 되어 보고서야 배송 기사의 서비스 정신과 태도에 따라 브랜드 이미지가 좌우된다는 사실을 깨달았다. 맛있고 저렴하다고 만사형통이 아니라는 이야기다.

배달이 늦어져 컴플레인을 하는 고객 중에 도시락이 늦었다는 사실 자체에 화가 난 건 20퍼센트 정도다. 나머지 80퍼센트는 그동안 조금씩 축적된 불만이 늦은 배송으로 한꺼번에 표출된 것이다. 따라서 고객의 클레임은 심리적인 관점에서 다각적으로 해석해야 한다.

◦ 다마고야의 혁신을 꿈꾸다 ◦

막연히 창업을 꿈꾸었지만 아이템조차 발견하지 못해 새롭게 무언가를 시작할 엄두조차 내지 못하는 상황에 조바심이 나기 시작했다. 일본 전역을 돌며 훌륭한 상품을 발굴해도 소비자에게 외면받는 경험을 하면서 아이템이 좋아도 반드시 성공하지는 않는다는 냉정한 현실을 깨달았다. '창업할 수 있을까?' 하는 불안감이 엄습했다.

그러던 차에 우연히 다마고야의 결산서를 보게 되었다. 무심히 숫자들을 살펴보는데 문득 이런 생각이 들었다.

'이런 점만 바꾸면 더 좋은 기업이 될 것 같은데?'

순간 가슴이 두근거리는 것이 아닌가. 2년간 다마고야 도시락을 먹으면서 느낀 바가 많았다. 직장인에게 점심시간이 얼마나 소중한 시간인지, 어디든 붐비는 점심시간에 나가서 사 먹는 대신 사무실로 배달되는 도시락이 얼마나 간편한지도 알게 되었다.

당시는 1990년대 후반으로 일본이 경제 불황에 빠지기 전이다. 점심값은 지금보다 높아서 1,000엔 정도였는데 줄을 서서 점심을 먹고 회사에 돌아오면 차 한잔 마실 여유도 없었다. 하지만 다마고야 도시락을 주문하면 410엔으로 점심값도 절약하고 12시에 배송되므로 시간적 여유도 생긴다. 20일로 계산하면 한 달 도시락비는 8,200엔인데 1,000엔짜리 점심을 먹는다면 한 달 점심값은 2만 엔이다. 월 1만 1,800엔 차이는 직장인에게 제법 크다.

다마고야의 결산서를 보니 총매출 12억 엔에 순이익은 3,000만~4,000만 엔이었다. 도시락집 이익률로는 괜찮은 편이었다. 시스템이나 재정적인 부분에서 개선해야 할 점도 있고 불필요한 낭비도 있지만 실적은 계속 성장하고 있었다. 고객도 만족하고 직원도 열심히 일한다. 더 나아가 건전한 경영으로 사회에 기여한다. 머릿속이 환해졌다. 다마고야는 산포요시를 실천하는 좋은 회사였던 것이다.

다마고야는 성장 가능성이 많은 회사다. 내가 들어가 더 좋은 회사로 만들어 보자. 여성이 좋아할 메뉴를 개발하고 배송 기사 교육도 철저히 하면 더 성장할 수 있으리라. 일단 다마고야에 들어가겠다는 마음을 먹자 개혁에 대한 청사진이 머릿속에 생생히 펼쳐졌다.

전문 택배 업체를 포함한 모든 배달 업체 중에서 가장 착실하고

민첩한 직원을 키우자. 그것만으로도 치열한 도시락 업계에서 승기를 잡을 수 있다. 하루 평균 주문량을 1만 5,000~2만 개에서 3만 5,000개까지 늘리면 업계 1위도 불가능한 꿈이 아니다! 사무실에서 다마고야 도시락을 먹으며 상상의 나래를 펼치다 보니 몸이 근질근질해져 참을 수가 없었다. 1996년 9월의 어느 날, 부모님 집에서 온 가족이 모여 저녁을 먹는 자리에서 슬며시 운을 뗐다.

"아버지, 저 다마고야에서 일해 볼까 합니다."

"알았다."

아버지 반응은 너무나 간단명료해서 맥이 빠질 정도였다. 하지만 오랫동안 내가 이 말을 꺼내주기를 기다리셨다는 걸 나는 안다. 20년 가까이 은밀하게 공을 들여 이제야 겨우 큰 산을 하나 넘었는데 여기서 허겁지겁 본심을 드러냈다간 도로아미타불이 될지도 모른다. 아버지는 아마도 이런 심정이 아니었을까.

"그럼 언제쯤이 좋을까요? 지금 업무도 마무리해야 하니 내년에 들어가는 게….."

아버지는 내 말을 단칼에 잘랐다.

"무슨 소리! 어차피 들어오기로 결정했으면 하루라도 빠른 게 낫다."

결국 마케팅 회사는 인수인계로 두 달가량을 더 다녔다. 그 와중에 다마고야를 오가며 조금씩 위밍업을 해 두었다. 이듬해인 1997년

1월 나는 정식으로 다마고야에 입사했다.

· 경영자가 되기까지의 시간 ·

아버지는 내가 가업을 잇길 바라는 마음을 한 번도 내색한 적이 없다. 뒤늦게 안 사실이지만 아버지는 무심한 태도로 일관하면서도 실은 일찍부터 후계자 교육에 무척 관심을 기울였다고 한다. 언젠가 아버지는 말씀하셨다.

"경영자 자질을 갖추려면 서너 살 때부터 교육해야 한다."

성공한 경영인은 어릴 적부터 경영 수업을 받은 경우가 많다. 바람직한 경영인의 덕목은 성인이 된 뒤에 습득하기가 힘들기 때문이다. 천성적으로 경영인의 DNA를 타고난 게 아니라면 어린 나이에 철저히 교육시켜 체득시켜야 한다. 아버지는 후계자 교육에서만큼은 열렬한 조기 교육 예찬자였던 셈이다.

후계자 교육은 학교 교육과는 다르다. 강요해서 될 일도 아닐뿐더러 영재 키우듯 엘리트 교육을 시키면 개성 없는 2대로 자랄 공산이 크다. 그럼 어떻게 해야 할까? 우선 아이의 기질을 정확히 파악하는 것이 중요하다. 그래야 장점은 키우고 단점은 보완할 수 있다.

아버지는 나의 타고난 성향을 꿰뚫어보고 초등학생 때 유소년 야구단에 입단시켰다. 3학년부터 날마다 3킬로미터를 달렸다. 경영자가 되려면 끈기와 인내심과 더불어 기초 체력이 중요하기 때문이다.

도시락집이라는 업종상 미각 교육은 필수다. 철이 들 무렵부터 아버지는 나의 미각을 단련시켰다. 어릴 때 천연 참치의 지방 맛과 양식 참치의 지방 맛을 구별하는 법을 배운 기억이 난다. 맛을 느끼는 혀의 부위를 '미뢰'라고 하는데 이는 어릴 적에 점점 커지다가 열두 살에 정점을 찍고 작아진다고 한다. 그래서였을까. 아버지는 내가 초등학교를 졸업할 때까지 수많은 음식을 맛보게 하며 미세한 맛의 차이까지 알아차리도록 미각을 훈련시켰다.

이렇게 말하면 유난스러운 아버지 밑에서 어린 나이에 꽤 고생한 듯 보이지만 스스로 후계자 교육을 받았다는 인식은 조금도 없었다. 그저 일반적인 가정교육처럼 받아들였다. 지금 와서 돌이켜보니 '그래서 내가 그때 그런 교육을 받았구나' 하고 짐작할 따름이다.

아버지는 평생 나에게 이래라저래라 간섭한 적이 없다. 하지만 예외가 딱 두 가지 있었다. 하나는 오토바이를 멀리할 것. 자신이 잘못하지 않아도 오토바이를 타다 큰 사고가 날 위험이 높기 때문이다. (그래도 아버지 몰래 중형 면허를 따서 친구 오토바이를 빌려 타곤 했다.)

다른 하나는 자신에게 홀딱 반한 여성과 결혼할 것. 자기가 반한 상대보다는 자기에게 반한 상대와 백년가약을 맺어야 결혼생활이 평생 순탄하다는 게 아버지 지론이었다. 예전부터 부자가 단둘이 있게 되면 "사업도 결혼도 평탄했던 건 다 좋은 아내를 만난 덕이다."라며 은근슬쩍 자랑하곤 하셨다. 첫 번째는 몇 번 말씀을 어겼지만 다행히 두 번째는 잘 지킨 듯하다.

두 가지 모두 후계자 교육과 연관된 것이었다. 회사를 물려받으라는 말은 듣지 않았지만 어릴 적부터 후계자 교육을 체계적으로 받아왔다는 생각이 든다. 아버지는 이런 마음이 아니었을까. 남이 하라면 반대로 하는 청개구리 기질이 다분한 천방지축 아들이라 당장은 딴 곳에 눈길을 돌릴지도 모른다. 하지만 어떤 기회로든 다마고야의 매력을 알게 되면 반드시 돌아오리라. 그 언젠가를 대비해 아버지는 경영자의 자질을 갖춘 사람으로 나를 키웠다. 2대 사장으로서 자질이 충분하다는 확신이 있었기에 내가 다마고야에 입사한 순간부터 경영 전권을 일임하며 힘을 실어 주었다.

제9장

1을 10으로
만드는
리더의 조건

• 사업을 일으키기 vs. 사업을 10배로 키우기 •

1997년에 다마고야에 입사하자마자 곧바로 경영을 맡았으니 실질적으로 사업을 승계한 지 20년 이상이 지났다. 다마고야가 1975년에 탄생했으니 창업주인 아버지가 다마고야를 이끈 세월만큼 나도 다마고야를 이끌어 온 셈이다.

다마고야 경영을 맡았던 1997년 당시, 1일 도시락 판매량은 2만 개였다. 2018년 현재는 7만 개에 이른다. 매출 규모가 커진 만큼 직원도 늘었다. 매출 규모만 보고 누군가는 아들이 아버지를 넘어섰다고 추켜세우지만 이는 경영의 속성을 몰라서 하는 말이다.

창업주는 0에서 1을 만드는 사람이다. 반면 사업을 물려받은 2대는 1에 1을 얹어 2를 만들고 2에 다시 1을 얹어 3을 만들어 간다.

0에서 1을 만드는 것과 1에서 차곡차곡 쌓아 10을 만드는 것, 어느 쪽이 더 힘들까? 논란은 있겠으나 굳이 비교할 필요는 없다고 본다.

사람마다 성향이 다르기 때문이다. 0에서 1을 만드는 데 능한 사람이 있는가 하면, 1에서 10으로 늘리는 데 능한 사람이 있다. 0에서 1을 만드는 사람은 1에서 10으로 늘리는 건 서툴지도 모른다. 이런 타입은 10으로 늘려가는 데 금세 흥미를 잃고 새로운 사업을 시작해 다시 0에서 1을 만들고 싶어 한다. 날마다 창업을 꿈꾸며 머릿속에 아이템이 무궁무진한 사람이 여기에 해당한다.

반면 1에서 10으로 늘리는 건 잘해도 0에서 1을 만들어 내는 것에는 서툰 사람도 있다. 스타트업보다 완성된 조직을 크게 키우는 데 능력을 발휘하는 사람이 이런 부류다.

누군가 나에게 1975년에 도시락집을 만들고 2만 개까지 판매량을 늘리라고 했다면 분명 실패했을 것이다. 반대로 아버지가 1997년에 다마고야를 물려받아 2만 개에서 7만 개까지 판매량을 늘려 나가야 했다면 고전을 면치 못했을 것이다.

이것만은 자신 있게 말할 수 있다. 역량이 부족해서가 아니다. 성향이 다를 뿐이다. 아버지는 "아들이 나보다 낫다."라고 입버릇처럼 말한다. 경영 능력을 100퍼센트로 봤을 때 90퍼센트는 내가 우수할지도 모른다. 하지만 아버지가 가지고 있는 나머지 10퍼센트는 내가 아무리 기를 쓰고 노력해도 절대 가질 수 없는 것임을 나는 안다.

카리스마와 스타성, 사람을 끌어들이는 인간적인 매력, 인정을 베풀고 남을 포용하는 대인배 기질 말이다.

과거처럼 사장의 강력한 카리스마만으로 기업을 경영하던 시절은 지나가고 있다. 자수성가한 CEO로 이름을 떨치며 승승장구하던 아버지가 과감히 경영권을 물려준 건 앞으로는 나와 같은 타입이 경영자에 적합하리라고 판단했기 때문은 아닐까. 서툴고 미숙한 아들에게 조언하고 싶은 마음이 왜 없었으랴. 하지만 경영권을 물려준 이상 아버지는 나의 판단과 결정을 존중하며 묵묵히 뒤에서 지켜보기만 했다. 이 점은 지금 돌이켜봐도 존경스러울 따름이다.

사업을 물려주는 사람과 물려받는 사람이 서로의 다름을 받아들이고 존중할 수 있다면 성공적인 사업 승계의 첫발은 뗀 셈이다. 경영자로서 특성이 다름을 아버지와 나는 서로 인정하고 존중했기에 다마고야의 사업 승계가 순조롭게 이루어졌다고 생각한다.

이번 장에서는 다마고야의 사업 승계 과정을 이야기하려 한다.

• 흑자 중소기업이 폐업에 내몰리는 이유 •

요즘 들어 문을 닫는 중소기업들이 속출하고 있다. 나 또한 다마고야를 경영하면서 중소기업을 둘러싼 환경이 날로 열악해지고 있음을 피부로 실감 중이다. 그렇다고 절망하긴 이르다. 돌이켜보건대 지금껏 중소기업의 경영 환경이 순풍에 돛단 듯 수월했던 시절 따윈 없었다. 어려움 속에서도 대다수 중소기업은 시대의 거친 파도를 이겨내며 국가 경제를 든든히 뒷받침해 왔다.

급변하는 환경에 적응하지 못한 나머지 실적 악화로 사업을 접는 건 그리 놀라운 일이 아니다. 하지만 요즈음 폐업하는 회사의 절반 이상은 흑자 경영이다. 실적이 탄탄한 회사가 왜 폐업을 할까? 의문이 드는 게 당연하다. 가장 큰 이유는 후계자 부재다.

경제산업성의 분석에 따르면, 현재 일본 중소기업 중 3분의 1에 해당하는 127만 개 회사가 후계자가 없어 존폐 위기에 내몰렸다고 한다. 이 문제를 방치했다간 127만 개 회사가 사라지고 만다. 이는 곧 650만 명의 일자리와 22조 엔의 GDP가 증발함을 뜻한다. 이로 인해 일본 경제가 막대한 타격을 입으리라는 건 불 보듯 뻔하다.

중소기업은 소유주가 경영자인 경우가 대부분이다. 따라서 경영권을 후계자에게 성공적으로 승계하는지가 회사의 명운을 가르는 요소가 된다. 요즘은 인수합병이나 전문 경영인을 영입해 후계자 문제를 해결하는 일이 늘어나고 있지만 여전히 친족에게 경영권을 물려주는 비율이 압도적으로 높다. 나 또한 다마고야 창업자이자 부친인 스가하라 이사츠구 회장에게 기업을 물려받았다.

부모 사업을 자식이 물려받는 게 일본에서는 지극히 자연스러운 일이다. 하지만 대기업이든 중소기업이든 사업 승계라는 것이 그리 호락호락하지 않다. 다마고야에 입사하기 전, 은행에 근무했을 때 거래처 중에 중소기업도 많아서 그곳 경영자와 교류할 기회가 있었는데 경영권을 물려받는 과정에서 2세들이 겪는 고충을 눈앞에서 생생히 목격했다.

내가 가업을 물려받은 경험에 비추어 말하자면 부모 자식 사이의 애정이 오히려 사업 승계에 독이 되기도 한다. 부모는 창업주이자 소유주로서 숱한 위기를 극복하고 회사를 지켜 왔다. 휴일도 반납해 가며 일에 파묻혀 지내기가 다반사다. 날마다 발바닥이 닳도록 전국을 뛰어다니며 일을 따 오고 내키지 않은 상대에게 머리를 조아려 가며 거래를 성사시킨다. 상대가 정산을 차일피일 미루는 탓에 자금 사정이 나빠지면 급한 대로 사비를 들이거나 지인에게 아쉬운 소리를 해 가며 돈을 빌리기도 한다.

창업자는 가족과 직원의 생계를 책임져야 한다는 막중한 의무감으로 온갖 궂은일을 겪으며 악착같이 회사를 이끌어 왔다. 부모는 피와 땀으로 일군 회사를 자식에게 물려주고 싶어도 선뜻 권하지 못한다. 자신이 겪은 고생까지 물려주고 싶지 않기 때문이다.

아무리 불경기라고는 하지만 중소기업 대표 정도 되면 경제적으로 제법 여유롭다. 자식 교육에 아낌없이 투자해 비싼 사립학교에 입학시키는 것도 그리 어려운 일은 아니다. 그래서일까? 다마고야가 위치한 도쿄 오타구는 중소기업이 다수 모인 곳인데 평범한 동네치고는 사립학교에 다니는 아이들 비율이 높은 편이다.

자식은 자식대로 힘들게 고생하는 부모의 모습을 보고 자란다. 철이 들 무렵부터는 '내 자식만큼은 힘든 고생을 시키고 싶지 않다'는 부모의 속마음을 은연중에 느끼고는 가업을 잇겠다는 결심을 주저한다. 앞서 말했듯 나 또한 학창 시절부터 '도시락집 아들'이라고 불리는 게 그렇게 창피할 수가 없었다. 나중에 크면 번듯한 정장 차림으로 출근하는 대기업 직장인이 되리라고 다짐하곤 했다.

기업 대표는 자나 깨나 회사 생각이다. 늘 업무에 쫓기느라 집에서 자식을 볼 시간이 턱없이 부족하다. 후계자 수업은 가정에서 자연스럽게 이루어져야 하지만 그게 어디 말처럼 쉬운 일이겠는가. 그래도 경제력은 있으니 값비싼 학원을 보내고 사립학교에 입학시킨다. 하지만 이것이 오히려 마이너스 효과를 가져온다.

아무리 작은 조직이라도 조직을 이끄는 리더가 되려면 자질과 소양이 필요한 법이다. 그런데 이런 자질은 어릴 때부터 철저히 교육시키지 않으면 저절로 몸에 배기 힘들다. 나이가 들수록 후천적인 교육이 어려워진다는 뜻이다. 어린 나이부터 충분히 리더의 자질을 양성해야 하는데, 아이가 학원이나 학교에서 생활하는 시간이 늘어나고 가정에서 부모와 소통하는 시간이 줄어들면 부모와 전혀 다른 인간형으로 자라날 가능성이 높다.

자식이 어릴 적부터 회사를 경영하는 인간형으로 자라지 않으면 성인이 된 후에 아무리 좋은 대학에서 경영학을 배우고 탁월한 스펙을 쌓아 사업을 물려받은들 순조롭게 기업을 이끌 확률은 높지 않다. 이처럼 중소기업에서 겪는 후계자 문제를 내밀하게 들여다보면 부모 자식 간의 복잡한 속내와 후계자 교육의 부재가 자리 잡고 있음을 알 수 있다.

• 회사를 유지하는 다양한 방법 •

냉정히 말하면 폐업도 회사를 위한 선택이다. 사업 승계의 방향성이 정해지지 않은 채 매출이 부진한 사업을 속절없이 안고 간다면 폐업조차 힘들어진다.

여기서 말하는 '폐업'은 경영자가 자체적으로 회사를 접는 걸 뜻한다. 부채와 직원 급여 문제를 완전히 정산해서 회사로서 책임을 다하고 세무서에 폐업 신고를 하면 법인등기가 말소된다. 반면 자금 사정이 어려워 거래처에 지불할 자금이나 직원 월급을 주지 못해 회사 경영이 불가능해지는 것은 '도산'이다.

사장의 의지로 폐업했다면 처음부터 다시 시작하면 된다. 하지만 도산하면 거래처나 고용원에게 막대한 피해를 줄 뿐만 아니라 '부채 상환'이라는 족쇄가 생긴다. 제로가 아닌 마이너스에서 출발해야 한다는 의미다. 그만큼 재기의 길도 험난하리라는 건 두말할 나위가 없다.

회사를 계속 운영해 나가야 할지 아니면 접을지 선택의 기로에서 있다면? 우선 회사에 장래성은 있는지, 사업 아이템은 유망한지, 후계자가 있는지, 있다면 리더로서 자질과 소양을 갖추고 있는지 등을 면밀히 따져 봐야 한다. 사업의 성장 가능성이 낮고 후계자가 없거나 있어도 기대할 만한 수준에 못 미친다면 자금 여유가 있을 때 폐업을 선택하는 것도 현명한 방법이다.

최근 정부도 중소기업 사업 승계를 중요한 문제로 인식하기 시작했다. 지자체에서 '사업인수 지원 센터'를 설치해 중소기업 인수 합병을 지원하거나 후계자 육성 사업에 발 벗고 나서기도 한다.

혹은 동종 업계가 회사를 통째로 인수해 수익성 나쁜 사업은 정리하고 수익성 좋은 사업만 지속해 나가는 일도 있다. 직원은 고용이 보장되고 전 대표에게는 회사를 매각한 수익이 생긴다. 게다가 후계자가 없어도 회사가 유지되니 일석삼조다.

자력으로 후계자를 찾지 못한다면 위와 같은 대안들을 고려해 보라. 어떤 방식을 선택하든지 중요한 것은 대표의 영향력이 건재할 때 결단을 내려야 한다는 사실이다. 그래야 실패를 줄인다.

• 리더 교체는 빠를수록 좋다 •

흔히 정치를 '살아 있는 생물'로 비유하곤 한다. 경영도 마찬가지다. 상황에 따라 최적의 조건은 언제든지 변하기 마련이므로 폐업을 하든 사업 승계를 하든 모든 가능성을 열어 두고 고민해야 한다. 예컨대 장사에서 통용되는 기술을 경영자가 완벽히 이해한다면 회사를 경영하는 데 도움이 되겠지만 그게 반드시 정답은 아니다. 숙련된 기술자에게 '이 사람 밑에서 일하고 싶다'는 신뢰감을 준다면 설사 기술에 해박하지 않아도 회사를 잘 이끌어 나갈 수 있다.

후계자 승계 문제를 예로 들어 보자. 앞서 이야기했듯이 외부에서 유능한 전문 인력을 영입하는 방법도 괜찮다. 어느 정도 비용 지출은 감내해야겠지만 풍부한 식견과 경험을 지닌 전문 경영인이라면 건전한 기업을 유지하면서도 수익 창출에 기여할 수 있다.

집안에서 고른다면 군이 장남에게 연연할 필요는 없다. 자질이 보인다면 딸에게 물려줘도 괜찮다. 사위까지 범위를 넓힌다면 전 세계 35억 명의 후보군이 생긴다. 아들로 한정하는 것보다 뛰어난 후계자를 찾을 확률이 무한정 높아지는 셈이다.

만일 마음속에 점찍은 후계자가 있다면 하루빨리 물려주기를 추천한다. 후계자 승계는 '심사숙고'보다 '속전속결'이 주효하다는 게 내 지론이다. 많은 경영자가 후계자에게 충분한 현장 경험을 시킨다. 사내의 다양한 부서를 돌면서 실무 경험을 쌓고 실력을 키운 뒤에 '이 정도면 되겠지' 싶은 타이밍에 회사를 물려준다. 하지만 5년이 지나도 10년이 지나도 상대가 납득할 만한 수준에 이르지 못한다면 어떻게 할 것인가? 그사이에 사장의 경영 능력과 기력, 인맥은 현저히 쇠약해질 것이다. 이를 깨닫고 성급히 승계를 진행했다간 실패할 확률이 높다.

사업 승계의 대표적인 실패 이유 중 하나가 너무 늦게 물려주는 경우다. 경영권 위임을 차일피일 미루다 보면 후계자의 의욕도 떨어지고 직원들의 긴장감도 사라지고 만다. 이러다 자칫 사장의 건강에 이상이 생기거나 고령으로 기운이 쇠약해지면 원활한 사업 승계는 물 건너 간다. 설상가상 그때는 이미 사장의 인맥이나 영향력이 예전 같지 않을 공산이 크다. 회사에서 사장이 이빨 빠진 호랑이 신세가 되는 건 시간문제다.

사장이 건강하고 영향력이 건재할 때 후계자에게 사업을 물려줘야 하는 이유가 여기에 있다. 후계자를 대동하고 단골과 거래처를 돌면서 "앞으로 우리 회사를 맡을 사람입니다. 많이 부족하지만 모쪼록 잘 부탁드립니다."라고 눈도장을 제대로 찍어 두면 사장의 알짜배기 인맥을 고스란히 물려받을 수 있다.

일단 후계자를 결정했다면 경험이 적고 경영 능력이 미숙해도 부장이든 상무든 어느 정도 결정권을 가진 직위를 부여하는 게 바람직하다. 경영 초보이니 실수는 당연히 할 것이다. 하지만 선대의 영향력이 건재한 동안에는 후계자가 시행착오를 거듭해도 충분히 수습할 수 있다. 귀중한 인맥과 고객 그리고 사장의 확고한 리더십이 존재하는 한 후계자를 향한 직원들의 불안과 불만을 어렵지 않게 잠재울 수 있다. 사장의 든든한 우산 밑에서라면 후계자도 최고경영자로서 자질을 갈고닦을 여력이 있다.

처음에는 직원들 사이에서 볼멘소리가 터져 나올지도 모른다. 하지만 "내가 깊이 생각해서 결정한 일이니 앞으로 잘 보좌해 주게."라고 힘을 실어 주면 직원들도 어수선한 마음을 다잡고 새로운 각오를 다진다. 쇠뿔도 단김에 빼랬다고 일단 후계자가 정해졌으면 사장이 건재할 때 즉각 실행하자. 그래야 새로운 체제로 원활하게 이행된다.

· 물러설 때를 안다는 것 ·

다행히도 다마고야의 사업 승계는 큰 탈 없이 이루어졌다. 아버지는 하루 50개를 파는 동네 도시락집에서 시작해 하루 1만 개가 넘는 도시락을 판매하는 중소기업으로 다마고야를 키워 냈다. 450엔짜리 단일 메뉴 도시락만으로 승부하는 다마고야의 비즈니스 모델은 전부 아버지의 아이디어였다.

당시 아버지는 중소기업 CEO의 신화적인 인물로 미디어에 자주 등장하는 유명인이었다. 다마고야의 브랜드 인지도를 높이는 데 회사의 간판이나 다름없는 아버지의 존재는 절대적이었다.

"사장 교체는 좀 더 기다리는 편이 좋겠습니다."

아버지를 따라잡기엔 스스로 역량이 턱없이 부족하다고 판단한 나는 미리 선수를 쳤다.

앞에서 이야기했듯 나는 대학을 졸업한 후 은행과 마케팅회사에서 사회 경험을 쌓긴 했지만 아직 경영 능력이 전무한 애송이였다. 심지어 다마고야에 입사한 1997년에 내 나이는 고작 27세였다.

그럼에도 상무라는 직함으로 일을 시작했다. 그리고 입사했을 때부터 이미 아버지는 나에게 다마고야의 경영권을 일임했다.

그러다 입사 5년째인 2002년에 부사장이 되었다. 다마고야가 뚜렷한 성장세를 보이면서 나도 텔레비전이나 잡지 취재를 받으며 얼굴이 서서히 알려지기 시작했다. 아버지는 "이제 슬슬 준비해 둬라."라고 언질을 주었다. 그리하여 다마고야 창립 30주년이 되는 2004년에 성대한 기념 파티를 여는 김에 사장의 취임식까지 겸하기로 결정했다.

2004년에 나는 정식으로 다마고야의 사장으로 취임했다. 상무에서 부사장을 거쳐 사장의 자리에 올라 완전히 회사를 물려받기까지

7년이 걸린 셈이다. 물론 1997년에 입사했을 때부터 실질적인 경영을 맡아 온지라 2004년 이전에 사업 승계는 대부분 완료된 상태였다.

당시 아버지는 57세로 여전히 왕성한 체력과 출중한 경영 능력을 펼칠 때였다. 거품 경제가 붕괴하면서 경기 침체가 이어졌고 그 틈새를 파고든 도시락 산업은 날로 번창했다. 다마고야는 해마다 판매량을 갱신하며 가파른 성장세를 보였다. 도시락 업계가 승승장구하는 상황에서 아버지가 경영 일선에서 물러날 하등의 이유가 없었다.

그런데 아버지 생각은 달랐나 보다. 나중에 들기로는 내가 다마고야에 들어가는 게 결정된 시점에서 간부들을 불러 놓고 이렇게 말했다고 한다.

"앞으로 유이치로에게 모든 권한을 위임한다."

상점가 한구석에 조촐한 도시락집을 차렸고 이웃사촌들이 고객 혹은 직원으로 모여 소기업이 되었다. 도시락이 맛있다는 입소문을 타면서 600명 직원을 거느린 중소기업이 되었다. 실적이 매년 상승하면서 앞으로 배달량과 직원은 더 늘어날 전망이었다.

아버지는 직감했는지도 모른다. 소박한 가업으로 시작한 다마고야가 어엿한 기업으로 성장했고 이제는 기업으로서 한 단계 도약할 중요한 전환점에 서 있다. 세상이 변하면서 기업의 역할 또한 달라지고 있다. 기업은 더 이상 상품을 판매하고 이익을 추구하는 것이

능사가 아니다. 사회가 기업의 지배구조Corporate Governance, 준법 경영 Compliance, 사회적 책임을 기업에게 강조하는 시대가 도래했다. 아버지는 달라지는 기업 환경 속에서 다마고야의 미래를 예견하고 지금이 리더 교체의 적기라는 판단을 내린 것이다.

한편으로 자신이 할 일은 다했다는 후련함과 뿌듯함도 있었으리라. 아버지라고 경영 일선에서 물러나 자유롭게 여생을 즐기고픈 마음이 왜 없었겠는가. 워낙 사람을 좋아하고 흥이 많은 분인지라 내심 건강할 때 인생을 즐기자는 생각을 했을지도 모른다.

• 경영자는 밑바닥부터 배울 필요가 없다 •

입사하기 전, 아버지에게 다마고야에 들어가기로 한 이유와 목표를 허심탄회하게 털어놓은 적이 있다.

"좋다! 너하고 싶은 대로 다 해봐라."

최고경영자에게서 "이제부터 경영에 대한 모든 권한을 일임한다."는 말을 들었을 때 기쁨보다 걱정이 앞섰던 게 사실이다. 솔직히 고백하건대 몸이 바싹 조여 오는 긴장감과 이제껏 경험한 적 없는 중압감에 사로잡혔다. 경영을 맡는다는 건 스가하라 집안뿐 아니라 당시 아르바이트를 포함한 100명의 직원과 그 가족의 삶까지 책임진다는 뜻이다. 이런 생각이 뇌리를 스치자 형언하기 힘든 부담감과 책임감이 엄습해 한동안 밤잠을 이루지 못했다.

다마고야에서 일하는 이상 언젠가는 물려받으리라는 각오는 있었다. 그러나 나는 줄곧 가업과 거리를 둔 삶을 살아왔다. 어린 시절에는 다마고야 도시락을 먹어 본 적도, 도시락 공장에 발을 들여놓은 적조차 없었다. 다마고야에 대해 아는 거라곤 언젠가 무심코 읽어 본 결산서 숫자들과 작은 마케팅 회사에 다닐 때 아버지가 2년 동안 공짜로 보내 준 도시락을 먹었던 기억뿐이다. 다마고야가 어떤 조직으로 구성되고 어떤 직원들이 어떤 마인드로 일하는지 그야말로 백지 상태나 다름없었다.

수련 기간이 필요하다고 생각했다. 하지만 아버지는 일언지하에 내 요청을 거절했다.

"너라면 회사 각 부서를 2~3일만 둘러보면 대충 감이 올 게다. 1~2주나 걸릴 이유가 없다."

경영자 중에는 후계자 수업의 일환으로 회사 내 여러 부서를 돌면서 다양한 업무를 경험시키는 경우가 있다. 그러나 아버지의 생각은 달랐다. 경영자에게 실무 경험은 의미가 없다. 요리, 영업, 배달은 못 해도 된다. 중요한 것은 일의 흐름을 파악하고 유능한 인재들을 적재적소에 배치하는 능력이다. 처음부터 경영자 입장에 서지 않으면 경영을 제대로 배울 수 없다. 이것이 아버지의 신념이었다.

"넌 의식하지 못했겠지만 나는 네가 어릴 적부터 후계자 수업을 시켜 왔다. 은행과 마케팅 회사에서 사회 경험도 쌓았겠다, 2년간 다마고야 도시락도 먹어봤겠다, 그걸로 충분하다. 너에게 경영을 맡길 만하니까 맡기는 거야. 걱정하지 말거라."

아버지는 용기를 북돋아 주었다. 든든한 조력자 덕분에 마음의 짐이 한결 가벼워졌지만 그럼에도 직접 현장을 경험해 보겠다고 아버지를 설득했다. 그리하여 마케팅 회사에 사표를 내고 후임에게 인수인계를 하는 몇 개월 동안 틈틈이 다마고야에 들러 경영을 맡을 준비를 차근차근 해 나갔다. 2주간은 각 부서를 돌며 현장을 점검했다.

밥 짓기를 담당하는 라이스 센터, 도시락 용기 세척 공장, 반찬 제조 및 포장, 생선 굽기…. 새벽 한두 시에 일어나 공장으로 향하는 나날이 반복됐다. 어둠이 짙게 깔린 깜깜한 새벽에도 활기차게 돌아가는 다마고야 공장에서 도시락이 만들어지는 과정을 직접 본 건 태어나서 처음이었다. 도시락을 생산하는 부서마다 어떤 사람들이 몇 명의 인원으로 일하는지, 작업 순서는 어떤지, 기계화가 어디까지 진행되고 있는지 등 현장 담당자에게 설명을 들으며 꼼꼼히 둘러보았다.

배송차에 동승해 도시락 배달도 체험했다. 당시는 하루 평균 2만 개의 도시락을 배달했는데, 그 많은 양을 주문과 배송을 합쳐 단

세 시간 만에 사무실로 완벽하게 배달하는 비결이 몹시 궁금했다.

　현장은 나에게 많은 것을 알려 주었다. 발로 뛰며 직접 눈으로 현장을 경험한 덕분에 앞으로 다마고야를 어떻게 바꿔 나갈 것인지에 대한 개혁의 청사진을 구체적으로 그릴 수 있었다.

· 직원을 설득하고 아군을 확보하라 ·

다마고야에서는 매달 부서장급이 모이는 전체회의가 열린다. 여기서 지난달 도시락에 대한 고객의 반응과 이번 달에 예정된 메뉴 등 갖가지 사안을 공유한다.

　1997년 1월 전체회의에서 아버지는 공식적으로 나의 입사를 발표했다.

　"내 아들 유이치로다. 이번에 상무로 들어오게 되었으니 잘 부탁한다."

　상무는 서열 세 번째로 원래는 없는 직책인데 일부러 만든 자리였다.

　"유이치로는 머리도 좋은 데다 노력가다. 나처럼 만만한 상대가 아니니 단단히 각오를 해 둬야 할 거야. 미리 말해 두지만 머지않아 내 자리를 물려받을 테니 앞으로 나보다 유이치로 말을 듣고 일하도록. 이상!"

소개를 받고 임원들에게 형식적인 인사말을 건네고서 마지막으로 문득 아버지의 법명(죽은 사람에게 승려가 지어 주는 이름—옮긴이)이 머릿속에 떠올랐다.

"○○는 제가 지은 아버지 법명입니다. 오늘부로 사장님은 이 세상에 없다고 생각하십시오."

지금 생각하면 참으로 배은망덕한 짓이 아닐 수 없다. 살아 있는 아버지를 마음대로 망자로 만들었으니 말이다. 정확한 법명은 잊어버렸지만 상당히 우스꽝스러운 느낌이었던 걸로 기억한다.

아버지와 합심해 지금의 다마고야를 만든 원년 멤버들은 50대 후반부터 60대다. 아무리 사장의 친자식이라고는 하나 느닷없이 등장한 풋내기 20대 상무를 순순히 받아들일 사람이 얼마나 될까. 그중에는 불쾌감마저 느끼는 사람도 있었으리라. 의심에 찬 눈초리를 보내는 임원들 앞에서 나는 굳은 결의를 보여 주고 싶었다.

사업 승계는 단순히 사업을 물려받는 게 아니다. 직원과의 관계도 물려받는다. 특히 선대와 동고동락한 고참 직원들의 지지와 신뢰는 사업 승계의 성패를 좌우한다고 해도 과언이 아니다. 업무에 해박한 고참 직원과 후계자가 대립한다면 회사는 제대로 굴러갈 수 없다. 그중 최악은 고참 직원들이 겉으로는 따르는 척하면서 속으로는 딴마음을 먹는 면종복배面從腹背 태도를 취하는 것이다.

178

그들의 속내를 알고 싶었다. 그래서 허심탄회하게 대화를 나누고자 개별적으로 술자리를 마련했다. 어릴 적부터 운동을 해 왔기에 체력 하나는 자신 있었다. 한 달 넘게 이어지는 술자리를 소화하며 모든 인원들과 돌아가며 독대를 했다. 간부급 직원들과 허물없이 대화를 나누며 다마고야에서 아버지의 존재감이 얼마나 절대적인지를 절감했다.

"사장님만 따르면 적어도 처자식 굶길 걱정은 없었습니다."

간부들 중 한 명이 나에게 건넨 말이다. 대다수 고참 직원이 하는 생각이었다. 마치 주군과 그에게 충성을 맹세하는 장군의 관계 같았다. 그들은 나를 '다마고야의 새로운 경영자'가 아니라 '우두머리가 애지중지 키운 아들내미' 정도로 보고 있었다.

'야구부였다니 근성은 있겠지만 이쪽 경험이 전무한 햇병아리가 제대로 할 수 있을까?'

나를 미덥지 않게 바라보는 것도 무리는 아니었다. 바꿔 말하면 그만큼 그들이 다마고야에 애정을 갖고 있다는 방증이기도 했다.

나는 임원들에게 온고지신의 자세를 강조하며 설득했다. 아버지가 그동안 해 온 방식은 소중히 계승하겠다. 그러나 시대가 변하면 조직도 달라져야 한다. 일단 내가 시작하는 일에 믿고 따라와 달라. 판단은 결과를 보고 내려 달라. 그때는 어떤 비판이든 달게 받겠다. 간곡하게 설득한 끝에 양해를 구했지만 그렇다고 나의 개혁 방침이

전적으로 그들에게 수용된 건 아니었다고 생각한다.

다마고야에서 내 방식을 이해하고 개혁을 적극적으로 지원할 아군이 절실했다. 직원들과 개별적으로 만나는 와중에 괜찮다 싶은 인물이 있으면 "아직 다듬어지지 않았지만 잠재력이 있습니다. 임원으로 승진시켜 든든한 조력자로 삼고 싶습니다."라고 아버지에게 넌지시 이야기를 꺼냈다. 아버지는 흔쾌히 오케이 사인을 줄 때도 있었지만 코웃음을 치면서 고개를 흔들 때도 있었다.

"유이치로, 아직 멀었구나. 저 사람은 겉으론 순종적이고 두뇌 회전이 빨라 보이지만 능력이나 자질은 그다지 높지 않다. 무턱대고 키워 줬다간 나중에 큰 화근이 될 게다."

"이 사람은 좀처럼 속내를 드러내지 않는 타입이지만 악바리 근성이 있어서 훈련을 시키면 반드시 성장할 거다. 앞으로 눈여겨보거라."

지금 와서 되돌아보면 아버지의 판단은 단 한 번도 틀린 적이 없다. 줄곧 운동만 해서 사회 경험이 적었던 나는 사람 보는 눈이 부족했기에 인재를 발탁할 때마다 아버지와 상의해서 결정했다. 아버지의 조언 덕분인지 그때 발굴한 인재들은 기대만큼 성장해 주었고 지금의 다마고야를 만든 일등 공신이 되었다.

• 무리한 확장보다 내실을 다진 결과 •

개혁이 효과를 본 것일까? 판매량은 날로 상승세를 이어 갔다. 내가 입사한 1997년에는 도시락 배달이 2만 개였는데 1년 후에는 2만 4,000개, 2년 후에는 2만 7,000개, 3년 후에는 3만 개로 꾸준히 늘었다. 다마고야가 치열한 도시락 업계에서 오랫동안 많은 고객의 지지를 받은 이유는 무엇일까? 450엔이라는 비교적 저렴한 가격에도 집밥 못지않게 반찬 구성이 알차고 친환경 식자재를 사용해 건강에도 좋기 때문이다.

시대 상황도 유리하게 작용했다. 1990년대 후반 거품 경제가 붕괴하면서 오랜 불황기가 이어지는 가운데 주머니 사정이 얄팍해진 사람들이 점심으로 외식 대신 도시락을 선택했다. 자연스럽게 도시락 산업이 각광을 받기 시작했다.

매출 증가는 기쁜 일이지만 1.5~2배에 가까운 급성장은 오히려 회사 경영에 마이너스가 될 우려가 있다. 매출의 급격한 성장을 회사 시스템이 감당하지 못하면 다마고야가 제공하는 서비스가 질적으로 하락한다. 결국 불만을 품은 고객이 이탈하는 상황이 발생하고 다마고야가 지향하는 산포요시 정신도 무너지고 마는 것이다.

그런 까닭에 배달권이나 주문량을 무리하게 늘리는 영업 활동은 자제하면서 내실을 다지고 기존 배달권 내에서 회사의 인지도를 높이는 데 주력했다. 목표는 연간 20퍼센트 매출 상승이었다. 연 20퍼센트씩 증가하면 5년 후에는 매출이 두 배가 된다.

실제로 하루 판매량 3만 개에 도달하기까지는 연 20퍼센트씩 매출이 증가했다. 그런데 3만 개가 되자 문제가 발생했다. 기존 공장에 과부하가 걸린 나머지 증가한 물량만큼 소화하기 어려워진 것이다. 때마침 옆 동네 공장이 문을 닫는다는 소식이 들려왔다. 새 공장을 세울 최적의 공간이 비어 있다는 이야기였다. 나는 즉시 그곳을 매입해 새 공장을 건설하고 생산 능력을 1만 개 더 늘렸다. "반드시 1만 개 주문을 따 낸다!"라며 직원들도 저마다 투지를 불태웠고 이듬해에 3만 5,000개, 그 이듬해에 4만 개를 달성했다.

배달량이 늘어나면 식자재 매입도 늘어난다. 식자재를 대량으로 매입할수록 할인 폭도 커진다. 3만 개가 넘으면 식자재를 납품하는 업체에서 다마고야가 자체적으로 개발한 브랜드 상품PB: Private Brand 을 만들어 준다. 이처럼 물량이 늘어나면 같은 가격으로 보다 양질의 식자재를 사용한 도시락을 소비자에게 제공할 수 있다.

일본 경제의 거품 붕괴는 다마고야가 생산 설비에 투자하는 데 더없이 좋은 기회였다. 불황으로 물가가 하락하면서 땅값도 싸졌으니 말이다. 새 공장을 세워 생산량을 1만 개 늘린 뒤로 또 다른 부지를 값싸게 매입해 공장을 세웠다. 회장인 아버지와 전무인 어머니의 안목도 한몫했음은 물론이다. 애당초 생산량은 4만 개까지만 늘릴 계획이었으나 제1공장, 제2공장, 세척 공장, 취반 전용 라이스 센터까지 세우면서 생산력이 급증해 하루 6만 개까지 공급이 가능해졌다.

제10장

성장 뒤 숨겨진 위기에 대비하라

· 과욕이 부른 참사 ·

하는 일마다 성공적이었으면 좋았겠지만 뼈아픈 실패도 겪었다.
2000년에 식품 재활용 관련 법이 제정되어 음식물쓰레기 감량과
재활용이 의무화되었다. 지금은 분리수거한 음식물쓰레기를 업자
들이 회수해 다양한 방법으로 처리하지만 당시만 해도 음식물쓰레
기는 기업 스스로 처리해야 하는 시절이었다.

요식업을 하면서 늘 환경문제에 관심이 있었다. 틈틈이 이런저런
재활용 대책을 궁리했는데 우연히 '탄화 재활용 기술'이라는 것을
알게 되고 무릎을 탁 쳤다. 음식물쓰레기를 태워서 나온 숯을 연료
로 사용하는 기술이었다. 쓰레기를 재활용해서 폐기율을 제로로 만
드는 가히 획기적인 발상이 아닐 수 없었다.

'바로 이거다!'

나는 즉각 어느 중소기업이 특허를 낸 탄화 재활용 소각 시스템을 7,000만 엔에 대여해 세척 공장에 설치했다. 당장은 대량의 음식물쓰레기를 소각해서 쓰레기양을 줄이는 게 목표였다. 장기적으로는 음식물쓰레기를 소각하고 거기서 나온 인체에 무해한 연료탄을 라이스 센터 에너지원으로 사용한다는 계획이었다.

포부는 원대했으나 결과는 처참했다. 며칠 지나지 않아 엄청난 판단 착오였음이 밝혀졌다. 기계를 가동하자마자 희뿌연 연기가 온종일 자욱하게 퍼져 나갔다. 아무리 무해한 연기라고 해도 날마다 연기가 치솟아 하늘을 뿌옇게 채우면 이웃 주민의 불안감은 가중되기 마련이다. 급기야 오타구 구청에 항의 전화가 빗발치고 다마고야는 여론의 뭇매를 맞았다. 그렇다고 기계를 멈추면 음식물쓰레기가 순식간에 불어나니 난감한 노릇이었다.

골머리를 앓다가 결국 3개월 만에 가동을 완전히 중단하고 말았다. 기계를 들이는 데 지불한 7,000만 엔을 통째로 날린 셈이다.

"귀중한 공부를 했다고 생각해라."

아버지는 다독여 주었지만 나는 적자분을 어떻게든 회수하겠다고 다짐했다. 우선 도시락 제조 공정에서 모든 낭비를 줄이는 데 착수했다. 공장장과 상의한 끝에 라이스 센터의 업무를 개선해 불필요한 지출을 줄여 나갔다. 업무 효율화를 추구하면 전기, 가스, 수도, 기타 에너지 비용이 연간 3,500만 엔가량 절감된다는 계산이 나왔다. 직원 모두가 발 벗고 동참해 준 덕분에 7,000만 엔 적자는 2년 안에 회수되었고 이후에는 매년 3,500만 엔씩 흑자로 전환하는 성과를 이뤘다. 전화위복이 된 셈이다.

◦ 과도한 가격 경쟁에 휘둘리지 마라 ◦

심각한 사건이 터졌다. 하루 100개 물량을 주문하는 대규모 거래처를 경쟁사에 빼앗긴 것이다. 그것도 두 곳, 도합 매출 200개가 날아갔다. 다마고야에 들어온 지 20년이 넘었지만 이런 적은 처음이었다.

다마고야가 눈에 띄게 판매량을 늘리면서 경쟁 업체의 표적이 되는 일이 부쩍 늘었다. 다마고야에 주문하는 기업체에 경쟁사가 영업을 오면 단도직입적으로 이렇게 제안한다고 한다.

"다마고야 가격에서 50엔 더 싸게 드리겠습니다."

주문량이 많을수록 도시락 가격을 할인해 주는데 그 가격을 묻는 건 상도덕에 어긋난다. 그래서 다짜고짜 이런 식으로 협상을 걸어 오는 것이다.

때로는 서너 곳의 회사가 팀을 짜기도 한다. 한 회사씩 일주일간 무료로 도시락을 돌리는데 네 곳이면 한 달간 무료로 도시락을 받을 수 있다. 그만큼 다마고야는 도시락 주문량이 떨어질 수밖에 없다.

이 정도는 약과다. 1990년대 후반에는 도시락을 도둑질해 근처 공원에 내버리거나 배송 기사를 몰래 미행해 도시락에 이물질을 넣는 짓도 서슴지 않았다. 그렇게 신뢰도를 떨어트리고는 단골에게 접근해 교묘하게 설득하는 식이었다. 그렇다고 '눈에는 눈, 이에는 이'식으로 똑같이 대응할 수는 없는 노릇이다. 대신 '상대가 비겁한 수를 쓰면 세 배로 갚아준다'는 철칙을 세웠다.

'상대에게 10개를 빼앗기면 더 맛있는 도시락을 만들어 1개월 이내에 30개를 뺏어 오자!'

전 직원이 똘똘 뭉쳐 투지를 불태운 결과, '세 배로 갚아준다'는 철칙이 다마고야의 실적 향상에 상당한 기여를 했다.

저가로 승부하는 경쟁업체에게는 어떻게 대응해야 할까? 다마고야도 가격을 깎을 수는 있다. 하지만 이는 제 살 깎아 먹기 경쟁으로 이어져 장기적으로 양쪽 모두 손해다. 다마고야는 가격을 내리는 대신 품질에 투자하고 고객에게 이를 어필하는 데 주력한다. 다마고야 도시락은 450엔, 경쟁업체 도시락이 380엔이라면 70엔의 가격 차를 고객에게 설명해서 납득시키는 것이다.

다마고야의 원가율은 타사에 비해 높은 편이다. 이는 다마고야가 타사보다 식자재에 많이 투자한다는 사실을 의미한다. 게다가 하루 평균 6만~7만 개를 생산하는 규모가 되면 납품 업체가 식자재 가격을 할인해 주거나 품질 좋은 자체 개발 브랜드를 만들어 준다. 그만큼 양질의 식자재를 타사보다 싸게 구입하게 되므로 다마고야의 원가율 50퍼센트는 타사의 원가율로 따지면 60퍼센트 정도에 해당한다.

조리 과정에서도 고객의 건강을 최우선으로 고려한다. 튀김옷은 최대한 얇게 만들고 늘 신선한 기름에 한 번만 튀긴다. 그래서 자신 있게 "다마고야 튀김은 맛있고 위에도 부담이 가지 않습니다."라고 어필할 수 있다. 도시락 용기를 회수할 때 배송 기사가 이런 설명을 해주면 고객도 다마고야를 신뢰하게 되고 타사의 저렴한 가격에 흔들리지 않는다.

다마고야에 들어가자마자 나는 가장 먼저 메뉴 개선에 착수했다. 품질을 높여서 고객을 만족시키는 동시에 다마고야 도시락을 탄탄한 브랜드로 만들고 싶었기 때문이다. 직원 모두가 고객에게 맛있는 도시락을 제공한다는 자부심을 가지고 일해 주기를 바랐다. 이를 위해 직원 교육에도 공을 들였다. 그렇게 노력해 왔던 만큼, 하루 100개 규모의 큰 거래처를 한 달 내에 두 곳이나 빼앗겼다는 소식을 들었을 때 하늘이 무너지는 듯한 충격을 받았다.

누군가는 이렇게 말할지도 모른다.

"하루에 6만~7만 개나 팔면서 고작 100개가 대수인가?"

이는 경영을 모르고 하는 소리다. 이런 일이 생길수록 견고한 브랜드 신뢰도에 조금씩 틈새가 벌어지고 만다. 평생 힘들게 쌓아 올린 신용도 무너질 때는 한순간이다. 단 한 번의 실수가 치명타가 되는 것이다. 회사에 어떤 위기가 닥쳐도 뒤로 물러서 있던 아버지였으나 그때만큼은 상황을 예의 주시하며 조언을 아끼지 않았다.

• 차별화된 장점을 고객에게 어필하라 •

100개 물량의 거래처를 빼앗긴 이유는 금세 밝혀졌다. 한 건은 거래처 담당자가 배송 기사에게 불만을 가졌던 것이 원인이었다.

도시락 장사도 엄연히 서비스업이다. 아무리 맛있어도 서비스가 불만족스러우면 고객에게 외면받기 십상이다. 악의는 없으나 평소 무뚝뚝하고 소통이 부족한 배송 기사와 하루에 두 번씩 대면하면서 담당자는 불쾌감이 쌓여 갔다. 다른 직원으로 바꿔 달라는 요청까지 했으나 그 지역을 담당하는 책임자가 대수롭지 않게 넘긴 탓에 배송 기사는 별다른 문제의식을 느끼지 못한 채 배달을 계속했다. 고객의 클레임을 방치한 셈이다. 그 결과 거래처 담당자는 배송 기사 개인은 물론 다마고야 회사에 대해서도 불만을 갖게 되었다.

담당자는 도시락 거래처를 바꿔야겠다고 결심했다. 하지만 자기 마음에 안 든다고 독단으로 정할 수는 없는 노릇이었다. 게다가 배송 기사를 접할 기회가 없는 직원들 사이에서는 여전히 다마고야 도시락 평판이 좋았다. 담당자는 직원들에게 설문지를 돌렸다. 그렇게 나온 결과 중에 불만 사항을 부각시켜 임원에게 보고했다. "개선점이 필요한 부분에서도 다마고야는 모르쇠로 일관합니다."라며 은근슬쩍 다른 업체로 바꾸도록 유도한 것이다.

다른 한 건은 인터넷으로 주문한 고객에 제대로 대응하지 못했던 게 원인이었다. 다마고야는 총 주문의 10퍼센트가량이 인터넷 주문이다. 언젠가 한 고객이 인터넷으로 '현장 판매를 하고 싶다'는 요청을 했다. 현장 판매란 거래처 기업의 사무실 한쪽을 빌려 점심 시간에 도시락을 파는 것을 말한다. 거래처가 자체적으로 판매량을 예상해 도시락을 주문하면 그만큼 물량을 가져가서 소진될 때까지 판다. 경우에 따라 배송 기사가 직접 판매를 하거나 시간이 여의치 않으면 따로 담당자를 보내기도 한다.

다마고야는 어느 정도 판매량이 보장되는 경우에 한해 현장 판매를 실시하고 있다. 그런데 해당 지역 담당자가 이런 사실을 모르고 "그건 불가능합니다."라고 딱 잘라 거절한 것이다. 결국 해당 회사는 현장 판매가 가능한 타 업체로 거래처를 변경해 버렸다. 담당자의 단순한 착오로 하루 판매량 100개가 순식간에 날아가고 말았다.

두 건 모두 우리 실수에서 비롯된 일이기에 더욱 뼈아팠다. 한 번 놓친 주문은 쉽게 되돌릴 수 없다. 더군다나 규모 있는 기업일수록 도시락 업체를 선정하는 데 절차가 존재한다. 원래 업자로 되돌리고 싶다면 다시금 복잡한 절차를 거쳐야 하고 '이럴 거면 애당초 업체를 왜 바꾸자고 했는가'라며 누군가는 책임을 져야 한다.

도시락 업체를 담당하는 직원 중에는 경비를 절감했다는 공을 얻고자 일부러 도시락 업체를 바꾸는 경우도 있다. 가령 회사가 도시락값을 일부 부담하는 경우, 450엔짜리 도시락을 390엔짜리로 바꾸는 것만으로 1인당 하루 60엔의 경비가 절약된다. '60엔×직원 수×일수'로 계산하면 그만큼 차익이 발생하니 회사 입장에서는 상당한 비용을 절감하는 셈이다. 반대로 현상 유지에 급급한 담당자도 있다. 자신이 담당하는 기간에 도시락 업체를 바꿨다가 자칫 문제라도 생기면 책임을 뒤집어쓰기 때문이다.

빼앗긴 200개를 세 배로 되갚으려면 한 달에 600개를 가져와야 한다. 한창 승승장구할 때라면 몰라도 이제는 상황이 그리 호락호락하지 않다. 경쟁 업체도 도시락 품질에 심혈을 기울이고 있는 데다 편의점에서는 다채로운 메뉴로 구성된 도시락 제품이 진열된다. 더욱이 요즘은 중국집, 고깃집 같은 일반 음식점은 물론 고급 레스토랑에서도 직장인을 겨냥한 평일 런치 메뉴를 저렴하고 알찬 구성으로 선보이고 있다. 다마고야의 경쟁 상대는 더 이상 도시락 업체만이 아닌 것이다.

갈수록 치열해지는 런치 경쟁에서 다마고야가 하루 6만~7만 개 수량을 유지해 온 비결은 한결같이 다마고야 도시락을 지지해 준

충성고객 덕분이다. 타사가 솔깃한 가격을 제시해도 "우리는 다마고야 도시락만 먹습니다."라고 정중히 거절한다. 참으로 든든하고 감사한 일이다. 다마고야 지지층이 더 늘어나려면 품질 향상에 힘을 기울이는 것 못지않게 고객에게 다마고야 도시락만의 장점을 충분히 설명하려는 노력도 소홀히 해서는 안 된다.

• 마이너스를 플러스로 바꾸는 마인드 •

경영자로서 조직을 운영하는 데 야구 선수였던 경험이 많은 도움이 되었다. 특히 직원을 키울 때는 야구 선수 시절 겪었던 일들을 떠올리며 이해의 폭을 넓힐 수 있었다.

초등부부터 시작해 중등부, 고등부, 대학부까지 오로지 야구에만 '올인'한 학창 시절을 보냈다. 그다지 좋아하지도 않던 야구를 그토록 오랫동안 계속할 수 있었던 건 패배자가 되지 않겠다는 오기 때문이었다.

고등학교와 대학교를 통틀어 총 7년간 기숙사 생활을 했다. 사이타마현 니자시에 있는 고등학교를 다닐 때는 다다미 6조(3평) 크기의 3인실에서 생활했다. 방에는 텔레비전은 물론이고 냉장고도 없었다. 아침에 일어나 예배당에 가서 기도하고 청소하고 학교에 가서 야구 연습을 하고 기숙사로 돌아온다. 늘 똑같은 일과를 반복했다. 당시 국민적인 인기를 끌었던 아이돌 오디션 프로그램을 보고 싶은 마음이 굴뚝같았지만, 텔레비전도 없는 데다 있다 해도 볼 시간이 없었다. 그렇게 학창 시절을 텔레비전과는 담을 쌓고 지낸 탓에 남학생이라면 한 번쯤은 이상형으로 생각하는 여자 아이돌조차 없었다.

여름 방학도 연휴도 없었다. 오로지 야구에만 전념했다. 그렇다고 학교 공부를 소홀히 할 순 없기에 연습이 끝나고 기숙사로 돌아와 오후 8시부터 10시까지 야구팀 전원이 식당에 모여 단체로 공부를 했다. 대학생 과외선생님이 찾아와 숙제를 챙겨 주고 예습 복습을 시켰는데 깜박 졸면 따끔한 기합 세례를 받았던 기억이 난다. 눈물이 쏙 빠질 만큼 엄격했던 선생님 덕분에 학교 진도를 그럭저럭 따라갈 수 있었고 낙제도 면했다.

대학에 입학해도 달라지는 건 없었다. 여전히 대학교와 기숙사를 오가며 매일 연습에 몰두하는 생활이 이어졌다. 하고 싶은 걸 마음대로 해 본 기억이라면, 고등학교를 졸업하고 대학교에 입학하기 전까지 한 달 동안 처음으로 친구와 여행을 가고 자동차 면허를 딴 게 고작이다. 하지만 대학 4학년 때 야구를 과감하게 포기한 뒤 은행에 취업하기까지 5개월가량은 원 없이 놀았다.

아버지는 자기중심적인 성격을 뜯어고칠 요량으로 체육계에 나를 내던졌다. 말대답도 용납되지 않는 수직적인 조직 환경에서 오랫동안 생활한 덕분에 강한 근성을 키울 수 있었다. 인내심과 협동심도 생겼다. 팀이 성과를 내기 위해 개인은 무엇을 해야 하는지 야구를 하면서 배웠다. 야구를 통해 얻은 교훈과 마음가짐이 다마고야 조직을 이끌어 가는 데 도움이 되었음은 물론이다.

피가 끓던 청춘 시절 힘든 일도 이를 악물고 해내야 했던 경험이 쌓여 이제 웬만한 고생은 고생처럼 느껴지지도 않는다. 하루에 6만 개의 도시락을 배달하다 보면 크고 작은 문제가 터지곤 한다. 직원이 실수했다면 충분히 감수하겠지만 회사 앞에 쓰레기더미를 쌓아 두거나 회사로 전화해서 갖은 욕설을 퍼붓는 등 부당한 일을 당하면 울화가 치미는 것도 사실이다. 회사의 인지도가 올라가고 실적이 상승할수록 악질적인 괴롭힘이 빈번해져 이제는 웬만한 소송법에는 전문가가 다 됐다.

집단 식중독 사건처럼 회사의 존속과 직결되는 사건도 겪었다. 이런 경험을 통해 '어떻게 하면 실패를 만회할 수 있을까' '같은 클레임을 듣지 않으려면 어떻게 해야 할까'를 고심하면서 전면적인 의식, 시스템 개혁을 추진했고 결국 다시 일어섰다. 이제는 어지간한 일로는 동요하지 않는다. 숱한 위기를 겪어 오면서 위기에 대비하는 방법을 철저히 고민하고 실천하며 한 단계씩 성장해 왔기 때문이다. 이런 마인드 역시 야구가 아니었다면 배우지 못했으리라.

'위기는 곧 기회다.'

야구에서 빠질 수 없는 명언이다. 나는 야구에서 배운 '마이너스를 플러스로 바꾸는 마인드'를 인재 육성에 활용해 큰 효과를 보았다. 야구를 하던 시절, 감독에게 늘 불만이 많았다. 감독이 내 잠재력을 제대로 봐 주지 않는다고 생각했기 때문이다.

초등학생에서 중학생 때는 성적이 좋아서 주전으로 뛰었지만 고등학교 야구부는 완전히 다른 세상이다. 프로 뺨치는 실력을 구사하거나 팀을 위해 희생하거나 혹은 적극적으로 주변에 자신을 어필해 기회를 잡거나, 뭐든 한 가지는 출중해야 감독의 선택을 받을 수 있다. 그런 면에서 나는 뭐 하나 내세울 게 없었다. 타고난 야구 천재도 아니고 자신을 희생하면서까지 팀플레이를 하지도 못 했고 감독이나 선배의 마음에 들도록 노력하는 타입도 아니었으니까.

'감독은 왜 나의 장점을 몰라 주는 거야. 모름지기 팀을 이끄는 리더라면 선수들의 가능성을 훤히 꿰뚫고 있어야 하는 거 아냐? 실력이 형편없군.'

감독을 원망하며 속을 끓였다. 정작 자신은 아무 노력도 하지 않으면서 말이다.

다마고야에 입사할 때 분명 나와 같은 생각을 하는 직원이 있으리라 생각했다. '내 가능성을 몰라준다'라거나 '나는 이런 일이 안 맞는데 엉뚱한 일만 시킨다'라며 마음속에 불만을 느끼고 있지만 정작 겉으론 표현하지 않으니 상사는 부하직원의 마음을 꿈에도 모른다. 그런 앙금들이 다마고야 직원들 사이에도 분명히 존재할 거라고 생각했다. 그래서 직원 한 명 한 명과 기탄없이 대화를 나누며 그들의 이야기에 귀를 기울이고 장점을 끌어내기 위해 노력하기로 마음먹었다. 직원들 사이에도 소통의 기회를 넓혔다.

'윗사람이 먼저 인사하기'는 그 일환으로 추진한 일이다. 부하직원이 먼저 인사하기를 기다려서 받아 주는 게 아니라 상사가 스스로 인사를 건넨다. 상사가 적극적으로 다가갈수록 부하직원을 향한 관심이 생긴다. 부하직원 또한 '상사가 나에게 신경을 쓰고 있구나'라고 느끼며 신뢰감이 생긴다. 현장의 문제점은 위로 갈수록 보이지 않는다. 상사가 의식적으로 솔선수범하지 않으면 현장에서 부하직원들이 어떤 모습을 보이는지 알아차리기 힘들다는 이야기다.

내가 야구를 할 때 선수로서 리더에게 불신과 불만을 느꼈던 만큼 경영자로서 조직을 이끌어 가는 입장이 된 지금, 선수 격인 직원들의 마음을 세심하게 파악하리라 다짐했다. 최소한 '어차피 상사는 날 제대로 봐 주지 않을 거야'라는 체념만은 하지 않기를 바랐다. 학교나 다른 회사에서 평가받지 못한 장점을 다마고야에서는 제대로 발휘하기를 바랐다. 그런 직원이 한 명이라도 늘어난다면 다마고야는 점점 성장할 테니까.

• 직원과 회사가 함께 성장하려면 •

대기업에는 뛰어난 인재가 많이 모인다. 여기서 뛰어나다는 건 비단 학습 능력에 국한된 이야기는 아니다. 좋은 대학을 나온 사람은 대개 머리도 좋지만 마음을 다스리는 데도 능하다. 상사가 애써 독려하지 않아도 스스로 동기를 부여하고 일에 몰두할 줄 안다. 윗사람이 말한 것에 납득이 가지 않더라도 감정을 억누르고 눈앞의 일에 최선을 다하고자 노력한다. 한창 놀고 싶은 나이에 주변의 유혹을 뿌리치고 공부에 매진해 좋은 대학에 들어갔다는 것은 자신을 절제하는 능력이 있다는 증거이기도 하다. 노력해서 원하는 대학에 합격했다는 성공 체험도 위기를 극복하는 든든한 자산이다.

반면 중소기업에서는 그런 인재를 찾기 힘들다. 수험에 실패했거나 공부와 등지고 살아온 사람이 더 많다. 감정 컨트롤이 어렵기 때문에 힘든 상황이 닥치면 금세 타협해 버리거나 자신의 실수에 관대해지곤 한다. 스스로 납득이 가지 않으면 감정을 앞세워 동료나 상사와 말다툼을 벌이고 동기부여가 안 되면 의욕과 집중력이 떨어져 업무 태도가 눈에 띄게 나빠진다.

대기업이라면 팀 내 분란을 일으키거나 업무 효율이 떨어지는 직원은 적당한 구실로 퇴사를 유도하거나 계약을 연장하지 않으면 그만이다. 들어올 사람은 줄을 섰으니 아쉬울 게 없다. 아니면 장기적인 안목에서 다소 부족한 부분이 있더라도 품고 갈 여유가 있을 것이다. 그러나 중소기업은 사정이 다르다. 일단 사람을 구하기가 하늘에 별 따기 만큼 힘들다. 어렵게 구한 만큼 문제를 일으켜도 '쿨'하게 포기하기가 어렵다. 그래서 웬만하면 장점을 살려 함께 가고자 한다.

마이너스 인재를 플러스 인재로 바꾸려면 어떻게 해야 할까? 장점을 알아보고 제대로 키워 주면 된다. 단점을 외면하라는 말이 아니다. 장점을 더 키우고 단점은 보완하도록 지도하라는 것이다. 같은 실수를 반복한다면 "다음 기회는 없다!"라고 최후통첩을 하지만 이는 최악의 경우일 뿐 기본적으로는 장점을 살려 회사에 도움이 되는 인재로 키우고자 노력한다.

"요즘 다마고야는 대기업병에 걸린 것 같다."

얼마 전 열렸던 반장 회의에서 내가 작심하고 던진 말이다. 윗사람이 아랫사람의 단점만 보거나 과도한 기대치를 세우면 현장의 사기는 줄어든다. 실수했다고 비난만 하면 부하직원은 의욕을 잃고 급기야 사표를 내고 잠적하는 일도 있다. 이는 회사에도 손해다.

장점을 찾아 칭찬해 준다. 그런 다음 실수를 깨닫게 해 주고 올바른 방향을 지도한다. 그래야 직원이 스스로 납득하고 노력한다. 칭찬하고 지도하기, 이 순서를 지켜야 한다. 얼핏 당연해 보이지만 이를 실천하는 회사는 놀랄 만큼 드물다.

규모가 크고 기업 문화가 경직된 회사일수록 지적과 비판에 치중한다. 상사 한 명이 여러 부하직원을 거느리다 보면 개개인을 살펴볼 여유가 없다. 게다가 장점을 찾기는 어려워도 실수하면 금세 눈에 띄니 단점을 찾기는 쉽다. 부하직원이 실수할 때마다 시시콜콜 지적하고 부정적인 평가를 하는 것은 쉽고도 편한 길이다.

반면 중소기업은 상사에 속한 부하직원도 적은 데다 심리적인 거리도 가깝기 때문에 직원 개개인을 살펴 장점을 파악할 수 있다. 규모가 작은 중소기업의 강점이다. 실제로 다마고야는 젊은 인재의 장점을 살리고 능력을 최대한 발휘하도록 했기에 여기까지 성장할 수 있었다.

여기서 잠깐! 칭찬을 받고 성장한 직원이 부하를 관리하는 상사 입장이 되었을 때, 예전 상사처럼 부하를 칭찬하고 능력을 끌어낼까? 반드시 그렇지는 않다. 인간이란 기본적으로 칭찬보다 비판에 능한 존재이기 때문이다. 내가 부하를 거느린 고참 직원들에게 장점을 찾아 칭찬하라고 누차 강조하는 이유다.

◦ 일은 전체를 보고 직원과는 직접 소통하라 ◦

반별로 얼마나 매출을 올리는지, 신규 주문은 몇 개 늘었는지, 추가 수당이 얼마나 되는지, 수치로 기록된 실적을 보려면 얼마든지 볼 수 있지만 지금도 앞으로도 보지 않을 생각이다. 내가 확인하는 건 오로지 다마고야 전체 실적이다. 1일 총배달량, 월매출과 순이익, 경비 등을 확인하고 마이너스가 생기면 문제점을 파악해서 해결하고자 노력한다.

전체적인 흐름을 파악하고 회사가 가야 할 방향을 제시하는 것이 사장의 역할이라고 생각한다. 각 부서의 세세한 동향까지 파악할 필요는 없다. 누군가 내게 "배송 5반의 경로는 어떻게 됩니까?"라고 물어도 답할 수 없다. 하지만 반의 멤버 구성이나 분위기에는 민감하게 안테나를 세운다. 고객과 직접 접촉하는 배송 기사야말로 다마고야의 얼굴이기 때문이다.

누가 정직원이고 누가 아르바이트생인지, 정직원을 목표로 일하는 아르바이트생은 누구누구인지 정도는 금방 파악한다. 매주 금요일마다 열리는 반별 회식에 빠짐없이 참석하기 때문에 가능한 일이다.

내가 다마고야에 들어갔을 당시엔 직원이 50명 정도라 반별로 회식을 해도 무리가 없었다. 하지만 지금은 배송 기사만 200명에 총 20반이니 회식도 스무 번 열린다. 매주 금요일마다 한 반의 회식에 참석한다 치면 20반을 도는데 20주, 그러니까 4~5개월이 걸리는 셈이다. 이래서야 도저히 몸이 버텨 내질 못하겠다 싶어, 지금은 금요일에 세 반씩 회식을 하도록 일정을 잡고 한 시간씩 얼굴을 내

비치는 것으로 타협을 보았다. 그러면 한 달에 열두 반의 회식에 참석하는 것이니 두 달 남짓이면 모든 반을 돌게 된다. 물론 회식 비용은 일체 사장인 내가 부담한다.

친목을 도모하고 피로를 푸는 자리인지라 엄숙한 훈계 따위는 하지 않는다. 배송 기사들과 편안한 기분으로 이런저런 이야기를 나눈다. 신입이 있으면 반드시 먼저 다가가 인사를 건넨다. 사전에 반장을 통해 신입이 일하는 모습이나 취미 등의 정보를 얻은 다음 상대가 관심이 있을 만한 주제로 대화를 이끈다.

유대감이 생기려면 소통은 필수다. 하지만 업무에 집중하는 근무 시간에 허심탄회하게 속내를 털어놓고 소통하기는 어려운 게 사실이다. 고루하게 들릴지도 모르겠으나 나는 여전히 회식이야말로 경영자와 직원들이 소통하고 신뢰를 쌓는 장이라고 믿는다.

회식은 다른 부서 직원들 간에 결속을 강화하는 효과도 있다. 다마고야 배송반 회식에는 담당 콜센터 직원도 참석한다. 전화와 팩스로 주문을 받는 콜센터 직원은 담당하는 반이 정해져 있다. 콜센터 직원은 주문을 모두 접수한 뒤 낮 12시에는 퇴근하므로 배송 기사가 용기를 회수해서 본사로 돌아왔을 때는 이미 그들은 퇴근한 뒤다. 주문부터 배송까지 일분일초를 다투며 긴밀하게 통화하는 사이지만 얼굴을 볼 기회는 거의 없는 셈이다.

그래서 여건이 허락한다면 콜센터 직원도 자신이 담당하는 반의 회식에 참석하기를 권한다. 콜센터 담당자와 친밀한 관계를 형성하면 업무상 그 누구보다 든든한 우군이 된다는 것을 배송 기사도 안다. 교통 정체로 배달이 늦어질 듯한 상황에서 고객에게 전화해 "죄송합니다. 고객님. 5분 이내에 도착할 예정이니 조금만 더 기다려 주십시오."라고 상황을 설명하고 불만을 달래 주는 사람은 콜센터 담당자니까 말이다. 그러니 담당 콜센터 직원이 회식에 참석하는 걸 진심으로 반긴다.

· 안주하려는 직원의 마음에 불을 지펴라 ·

시대가 변하면서 다마고야의 구성원도 달라졌다. 우리 때만 해도 스포츠 하면 예외 없이 야구였다. 야구를 좋아해서 경기도 보고 마음 맞는 동료끼리 팀을 만들어 직접 뛰기도 했다. 다마고야 직원 중에도 취미로 야구를 즐기는 비중이 압도적으로 많았다. 그런데 1990년대 중반부터 J리그가 유행하더니 축구를 하는 직원들이 현저히 늘었다. J리그 진출을 목표로 클럽에서 활동하면서 도시락 배달을 하는 직원도 있었다. 이외에 프로 복서를 꿈꾸는 직원도 있었다.
　2000년대에 들어서자 분위기가 확 달라졌다. 야구나 축구 등 전통적인 종목이 주춤해지고 서핑, 스노보드 등 젊은 층을 사로잡은

종목이 강세를 보이기 시작한 것이다. 밴드를 구성해 음악 활동을 하는 직원도 늘었다. 다마고야에서 번 돈으로 공연비나 강습비를 충당하는 모양이었다. 짐작하겠지만 스포츠맨과 뮤지션은 성향이 전혀 다르다. 운동을 한 직원은 엄격한 규칙 속에서 스파르타식 교육을 받아서인지 시간관념이 투철하고 남들이 보는 앞에서는 누구보다 열심히 일한다. 그만큼 남들이 보지 않은 곳에서는 게으름을 피우는 경우도 많다. 음악을 해 온 직원은 정반대. 그들은 남들이 보지 않는다고 근무 태도가 달라지진 않는다. 하지만 시간관념이 부족하다.

유형이 다르면 의욕을 북돋는 방법도 달라질 터다. 요즘 세대라고 뭉뚱그려 바라봐선 안 된다. 체육인은 위에서 지시하면 일단은 따른다. "힘내자!"라고 용기를 불어넣거나 "이대로 주저앉으면 분하지도 않나!"라고 자극하면 투지를 불태운다. 하지만 체육과 무관한 젊은이들에게는 메아리 없는 외침이 될 공산이 크다. 자신이 해야 하는 이유를 납득하지 않으면 좀처럼 움직이지 않는다. 이들을 움직이려면 논리적으로 이유를 설명하는 게 중요하다.

2000년대 중반부터 장기 불황이 이어지고 고령화 사회가 진행되면서 일본의 30대 중에는 니트족(자발적으로 취업을 포기한 사람—옮긴이)과 프리터족이 늘어나는 상황이다. 이들 중에는 가족의 생계를 책임진 가장도 적지 않다. 요즘은 40대에서도 이런 유형을 심심치 않게 본다. 어떻게 하면 그들의 마음에 불을 지펴 의욕을 불어넣을 수 있을까? 무엇보다 공감과 이해가 수반된 진솔한 대화가 필요하다.

아버지 밑에서 다마고야를 든든히 지탱해 온 악동들도 이제는 나이를 먹었다. 더 이상 세상 무서울 것 없는 맹수들이 아니다. 결혼하고 아이가 생기면 안정을 꿈꾸기 마련이다. 돈도 중요하지만 가족과 시간을 보내기 위해 유급휴가를 쓰고, 되든 안 되든 과감히 돌진해서 실적을 올리기보다 실패해서 감점받을까 두려워 소극적으로 변해 간다. 물불 가리지 않고 덤벼들던 악동들이 이제는 자기 영역 지키기를 우선한다.

다시 한 번 그들의 마음에 불을 지피고 싶다. 가족을 아끼면서도 젊은 시절처럼 실패를 두려워하지 말고 도전해 주었으면 좋겠다. "다마고야가 언제까지나 잘나가리라는 보장은 없다. 경쟁 업체들이 무섭게 치고 올라오니 우리도 위험부담을 안고 앞으로 나가야 한다!"라고 도전 의식을 북돋지만, 그런 와중에도 잔업 상한 규제는 준수해야 하고 유급휴가는 소진해야 한다.

이는 비단 다마고야만의 상황은 아닐 것이다. 일본이라는 나라 전체가 타성에 젖어 현상 유지만 하면 그만이라는 사고가 팽배한 느낌이다. 장기 불황과 저출산 고령화 시대에 더 동력을 얻기 힘들다고 체념이라도 한 것일까. 한 번 수세로 돌아서면 여간해서는 공세로 변하기 어렵다. 앞날이 가시밭길이지만 오늘도 각오를 다진다.

매사에 진취적으로 도전하는 활기찬 인재를 키우겠노라고.

◦ 부담을 덜어 준 아버지의 한마디 ◦

"실수해도 괜찮다."

상무라는 직함으로 다마고야에 들어왔을 때부터 나는 사장처럼 모든 업무를 처리했다. 아버지는 일선에서 한발 물러나 내가 일하는 모습을 묵묵히 지켜볼 뿐 일절 간섭하지 않았다. 나는 직원들이 무엇보다 민감하게 받아들일 인사와 급여 제도도 과감히 바꾸었다. 능력제와 성과급을 도입해 능력주의를 강화했다.

가족적인 동네 구멍가게가 아니라 '산포요시'를 실천하는 기업에서 일한다는 자부심을 가지고 직원도 성장하기를 원했다. 특히 선대와 오랜 시간 끈끈한 정을 나누며 근무해 온 고참 직원들의 의식을 바꾸려면 인사와 급여 제도를 변화시켜 조직을 뿌리부터 뒤흔들 필요가 있다고 판단했다.

그러자 오랫동안 다마고야에서 일해 온 직원보다 입사 1~2년차 직원 혹은 아르바이트생이 높은 월급이나 보너스를 받는 일이 생겼다. 다마고야의 가족주의 경영에 익숙해진 직원이라면 납득하기 어려웠을지도 모른다. 직원을 가족처럼 여기고 의리를 중시하며 다마고야를 이끌어 온 아버지에게 배신감마저 느꼈다 해도 무리가 아니다. 그러나 직원들의 반발이 예상되는 인사와 급여 제도를 대대적으로 손볼 때도 아버지는 말없이 지켜만 보았다.

간부 직원들을 앞에 두고 "이제 유이치로의 말을 듣고 일하도록!"이라고 발표하고 집에 돌아와 나에게 한 말이 아직도 생생하다.

"밑바닥부터 시작해서 여기까지 왔다. 이제 할 만큼 다 했으니 아무 미련도 없어. 실수해도 괜찮다. 얼마든지 다시 시작하면 돼. 부담 갖지 말고 네 마음껏 해 봐라."

직원 앞에서는 절대 입 밖에 내지 못할 이야기였으리라. 그 말을 듣는 순간 눈이 번쩍 뜨이듯 눈앞이 환해졌다. 내색하진 않았으나 나는 막중한 부담감을 느끼고 있었다.

'아버지가 피땀 흘려 일으킨 회사다. 아들인 내가 그런 회사를 털끝만큼도 망가뜨려서는 안 된다!'

이런 압박감이 어깨를 무겁게 짓눌러왔다. 그런데 "실수해도 괜찮다."라는 아버지의 한마디로 부담감이 씻은 듯이 사라졌다.

실패하면 다시 시작한다는 각오로 메뉴 개발과 업무 방식, 인사 제도, 급여 제도 등 일련의 개혁을 일사천리로 추진해 나갔다. 그 결과 다마고야는 체질을 개선하며 급격히 성장했고 도시락 업계의 강자로 우뚝 설 수 있었다.

제11장

사업의
미래 방향성을
정한다는 것

• 가능성을 보고 뛰어든 새로운 도전 •

다마고야의 미래를 논하기에 앞서 우리가 운영하는 또 다른 브랜드를 소개하고자 한다. 단일 메뉴 도시락으로 승부하는 다마고야와 달리 '다마노야'는 장례·제사·행사·회의용 요리 배달 전문점이다.

다마고야는 미리 주문량을 예측해 날마다 대량의 도시락을 생산하지만, 다마노야는 일식·중식·프랑스식·이탈리아식으로 고객의 취향에 맞게 주문을 받은 다음 담당 셰프들이 각자 요리를 만드는 시스템으로 이루어져 있다. 다마고야는 일요일과 공휴일에 쉬는 데 반해 다마노야는 365일 연중무휴다. 450엔 도시락 이외의 음식 주문은 다마노야가 전담하는 셈이다. 다마노야를 창업하면서 다마고야 그룹은 365일 어떤 음식이든 배달 가능한 시스템을 갖추었다.

다마노야를 세운 건 내가 다마고야에 입사한 1997년의 일이다. 당시 다마고야와 거래하던 가이세키 요리(정찬 코스요리)점에서 문제가 생겨 사장이 잠적하는 사건이 발생했다. 사장을 대신해 급한 불을 끄느라 동분서주하던 매니저는 나에게 한 가지 제안을 했다. 내용인즉슨 다마고야가 요리점을 통째로 인수해서 장례·제사·행사·회식용 요리를 직접 만들어 보지 않겠느냐는 것.

　처음엔 썩 내키지 않았다. 주머니 사정이 가벼운 직장인들에게 맛있고 저렴한 도시락을 배달하는 다마고야의 서민적인 이미지와 거리가 멀다는 판단에서였다. 그럼에도 단번에 거절하지 않았던 것은 성장 가능성이 보였기 때문이다. 당시엔 기업 행사 및 파티, 회의에서 제공하는 1,000~1,500엔 정도의 고급 도시락이나 오르되브르(식전 요리 혹은 안주용 음식) 수요가 늘어나는 중이었고 노인 인구가 폭발적으로 증가하면서 장례나 제사를 치르는 일도 많아지고 있었다.

　"당장 이익이 나지 않아도 괜찮다. 다마고야는 도시락에 집중하고 그 이외의 요리를 365일 생산하는 시스템을 갖춘다면 배달 요리 업체로서 더할 나위 없다."

　아버지도 적극적으로 찬성했기에 가이세키 요리점을 인수하기로 결심했다. 다마고야 본사에서 가까운 오타구 시모마루코 지역에 마침 좋은 매물이 나와 그곳에 식품 공장을 세우고 가이세키 요리점 직원 30명을 그대로 받아 연회용 출장 요리 전문점을 새롭게 탄생

시켰다. 다마고야에서 전개하는 고급 브랜드라는 느낌을 주고자 회사명은 '다마노야'라고 짓고 내가 창업 사장이 되었다.

개업했을 당시 연간 매출은 1억 엔 정도였다. 1,000~1,500엔짜리 도시락 매출은 그중 20퍼센트인 2,000만 엔 정도였고 나머지 8,000만 엔은 이전 회사의 단골이 주문한 장례 음식이었다. 그런데 개업 후 맞이한 여름, 아무런 이유 없이 매출이 곤두박질쳤다.

수소문 끝에 경쟁 업계가 악질적인 농간을 부린 것을 알게 되었다. "다마노야는 기존의 가이세키 요리점이 망해서 급하게 인수한 회사다. 원래는 싸구려 도시락이나 파는 삼류 도시락 회사인데 냉장차나 냉동차도 없어서 여름철에 음식을 주문하면 식중독에 걸릴 수 있다."라며 루머를 퍼트리고 다닌 것이다. 속이 부글부글 끓어올랐다. 명백한 허위 사실이었다. 기존 고객들의 대량 이탈이 우려되는 상황에서 나와 아버지는 울화가 치밀어 한동안 잠을 뒤척였다. 하지만 이 또한 전화위복의 계기가 되었다. "어디 한번 이 업계에서 제대로 실력을 겨뤄 보자!"라며 투지를 불태우게 되었으니 말이다.

• 부당한 관행에 맞서 일으킨 변화 •

나는 예전부터 일본의 장례 음식에 문제가 있다고 생각했다. 맛은 기대 이하인데 가격은 왜 일반 요리보다 비쌀까. 같은 요식업계에 몸담은 사람으로서 답답하고 안타까웠다.

1990년대 후반까지만 해도 음식을 주문하는 사람들은 장의사나 상조회사에서 시키는 대로 군말 없이 따랐고 조문객도 장례 음식에 큰 기대는 없었던 게 사실이다. 배달이 신속하고 음식에 큰 하자만 없다면 그만이었다. '못 먹을 정도만 아니면 괜찮다'는 안이하기 그지없는 인식이 장례업체들 사이에 팽배했던 이유이기도 하다. 당시엔 장례 음식으로 맛있는 요리를 제공하겠다는 발상 자체가 전무했다.

다마노야를 시작하면서 막연히 장례 음식에 느껴왔던 의구심의 원인이 보이기 시작했고 문득 아이디어가 떠올랐다.

'양질의 식자재를 저렴하게 매입하는 다마고야의 장점을 다마노야에 적용한다면 맛있는 요리를 경쟁업체보다 저렴한 가격에 제공할 수 있다. 초밥도 고급 일식집 못지않은 퀄리티로 만들 수 있다.'

충분히 승산 있는 게임이었다.

업계의 관행이란 오랜 시간 뿌리내려 좀처럼 바꾸기 힘든 법이다. 이런 일도 있었다. 상을 당한 다마고야 직원이 한 상조 회사에 장례를 맡겼다. 회사 측은 다마노야에서 만든 음식을 쓰고 싶다는 상주의 부탁을 일언지하에 거절했다. 상조 회사 내에 장례 요리를 담당하는 부서가 있다는 이유로 말이다. 자신들에게 일을 의뢰했으면 무조건 자기들 방식을 따라야 한다는 마인드로 일관했다. 보다 못한 내가 수수료를 내겠다고 사정했지만 요지부동이었다.

도시락 업체나 출장 요리 업체가 상조 업계에 진입하기는 바늘 구멍에 낙타가 들어가기만큼 어렵다고들 한다. 상조 업계가 워낙에 폐쇄적이고 배타적이기 때문이다.

타성에 젖어 부당한 관행이 판치는 상조 업계에 변화를 일으키 겠다는 일념 하나로 다마노야가 뛰어든 지 20년이 흘렀다. 매출은 연간 18억 엔에 이르고 기업 행사 및 파티, 회의용 맞춤 도시락은 물론 관혼상제용 요리도 맡아 다마고야의 상승세를 웃돌 기세로 승 승장구 중이다.

경기 침체가 장기화되면서 요식업계도 된서리를 맞았다. 그래서 일까. 도쿄를 포함한 관동 지방에서는 상조회사에 음식을 납품하는 배달 전문점의 폐업이 속출하고 있다. 위기는 기업을 강하게 만든 다. 혹독한 불황 속에서 옥석이 가려지고 진정한 고수만이 살아남 는다. 이렇게 말할 수 있는 이유는 경기 침체기 와중에도 다마노야 의 사업은 날로 번창하고 있기 때문이다.

다마노야는 장례 절차에 관여하는 모든 업체와 긴밀한 파트너십 을 맺고 고객이 만족할 품격 있는 장례식을 만들고자 노력한다. 고 객의 만족을 최우선으로 추구하니 높은 호응과 인지도 상승은 저절 로 따라왔다.

다마노야는 철옹성 같던 상조 업계에 변혁의 바람을 불어넣었고 더 나아가 업계의 선두주자로서 새로운 전통을 만들어 가고 있다. 앞으로도 다마노야는 장례식에 참석한 분들이 감동할 만한 음식을 제공하는 데 전력을 다할 것이다. 아직 갈 길이 멀고 험난하지만 '맛으로 업계를 바꾼다'는 초심을 잃지 않고 뚜벅뚜벅 나아갈 것이다.

• 비즈니스 모델의 한계를 명확히 파악하라 •

처음 다마고야 경영을 맡았을 때 결심했다. 고객 제일주의를 실천하겠노라고. 은행원으로 근무하는 동안 겉으론 '고객 제일주의'를 내세우면서 실제론 '은행 제일주의'를 지향하는 직원들을 보며 회의감이 몰려왔다. 본점의 눈치만 보는 지점과 출세만이 우선인 동료와 후배들. '월급쟁이라면 별수 없지'라고 이해하면서도 마음 깊은 곳에 응어리가 쌓여 갔다. 내가 다마고야에 들어오자마자 불도저처럼 각종 개혁을 단행한 것도 그간 쌓여 온 응어리를 풀어내기 위함이었다.

도시락 가게에서 고객 제일주의를 실천하려면 무엇을 해야 할까? 간단하다. 맛있는 도시락을 제공하면 된다. 즉, 원가율을 높여 건강에도 좋고 맛도 좋은 도시락을 만들면 된다.

고객 제일주의를 실천한다는 명목으로 고객만 바라봐선 곤란하다. 회사는 기본적으로 일하는 사람이 만족해야 성장하는 법이다. 그래서 다마고야의 영업 이익은 생산설비와 식자재 그리고 직원의 복지 향상에 투자한다.

진정한 고객 제일주의란 '산포요시'가 수반되어야 비로소 성립된다고 생각한다. 다마고야의 결산서를 처음 보았을 때 직감했다. 다마고야는 산포요시를 실현할 수 있는 회사란 것을 말이다.

다행히 개혁은 성공적이었고 주문량이 크게 늘어 다마고야는 눈부신 성장을 이뤘다. 수많은 고객이 다마고야 도시락을 지지해 준 덕분이다. 주문량이 늘어나 식자재를 대량으로 구입하게 되면 단가가 낮아진다. 단가가 낮아지면 같은 가격에 더 좋은 재료를 구입할 수 있다. 다마고야는 주문량을 늘려 고객에게 보다 양질의 도시락을 제공하는 것으로 지금까지 고객 제일주의를 실천해 왔다.

하지만 앞으로도 계속 주문량을 늘려갈지는 고민해 봐야 한다. 한 가지는 매입의 문제다. 하루 주문량이 10만 개까지 늘어난다고 해서, 연어나 노르웨이 고등어 같은 생선 토막을 10만 개 구입하기는 쉽지 않다. 납품 업체에도 수급 한도라는 게 있기 때문이다.

같은 생선을 구하는 데 최대 7만 개가 한계라면? 나머지 3만 개는 다른 생선으로 메울 수밖에 없다. 같은 날, 어떤 고객에게는 연어가 들어간 도시락을, 어떤 고객에게는 고등어가 들어간 도시락을 배달한다면 어떻게 될까. '1일 1메뉴 제공'이라는 다마고야 고유의 비즈니스 모델이 흔들리고 만다.

다마고야는 고기나 생선처럼 메인 반찬에 신선한 채소가 어우러진 모듬 도시락으로 경쟁력을 키워 왔다. 이제는 명실상부 도시락 전성시대다. 편의점에는 입맛을 자극하는 도시락이 가득하다. 카레, 덮밥, 우동, 파스타 등 다양한 메뉴와 푸짐한 양으로 갈수록 경쟁력을 높이고 있다. 그럼에도 밥과 각종 반찬이 담긴 모듬 도시락만은 다마고야가 최고라고 자부해 왔다.

그런데 10만 개, 20만 개로 수량이 늘어나면 식자재 매입에 차질이 생기고 날마다 메뉴가 바뀌는 모듬 도시락만으로는 이 업계에서 경쟁하기가 힘들어진다. 그렇다고 메뉴를 늘린다면 어떻게 될까? 일괄적으로 주문을 받고 생산하고 배송하던 도시락을 이제는 메뉴별로 일일이 구분해야 하니 작업이 몇 배로 복잡해진다. 시간과 속도가 생명인 다마고야에서 이는 업무 효율성 하락으로 이어지고 도시락 품질과 배송 시스템에도 악영향을 미친다.

생산력 문제도 있다. 현재의 생산 설비로는 1일 최대 7만 개가 한계다. 그 역시 낭비를 최대한 줄이고 효율화를 극도로 추구했기에 가능했다. 만일 주문량을 늘리는 데 급급해 무리하게 공장을 가동하면 품질과 서비스에 구멍이 생겨 고객 제일주의가 흔들리고 만다.

혹자는 자본을 투자해 생산 설비를 확대하면 되지 않느냐고 말할지도 모른다. 하지만 그리 간단한 문제가 아니다. 일본은 현재 인구 감소 상태에 돌입한 사회다. 2007년부터 일본의 베이비붐 세대가 본격적인 은퇴를 시작하면서 노동인구가 현저히 줄어들 전망이다. 노동력이 줄어든다는 것은 곧 도시락 수요가 줄어든다는 것을 뜻한다. 다마고야 도시락은 베이비 붐 세대가 먹는 비율이 높다. 해가 거듭할수록 은퇴자가 늘어나면 주문량은 줄어들 것이다.

달라지는 기업 환경도 고려해야 한다. 도쿄라는 경제 도시에서는 업무 효율화와 일과 가정의 양립을 위해 다양한 근무 형태가 도입되는 상황이다. 과거처럼 일정한 장소에서 정해진 시간 동안 일하는 형태에서 탄력근무제, 재택근무제 등 유연하게 근무 장소나 시간을 조정하는 형태로 변하고 있다. 다마고야 입장에서는 수요 예측이 점점 어려워질 수밖에 없다. 회사에 채용된 직원이 12시에 사무실에 있으리라는 보장이 없으니까.

고객의 선택지도 늘었다. 이제 다마고야의 경쟁 상대는 더 이상 도시락 업체만이 아니다. 동종 업계와 경쟁하던 시절에는 도시락의 양과 질, 배달 서비스 모두 다마고야가 타사를 압도하리라는 자신이 있었다. 하지만 이젠 도시락 프랜차이즈를 비롯해 햄버거 프랜차이즈, 편의점에서도 배달을 하는 시대다. 레스토랑과 제휴를 맺고 고객이 스마트폰 앱에서 주문한 음식을 가져다주는 배달 서비스도 등장했다. 이제는 길거리의 모든 음식점이 다마고야의 경쟁자가 되었다고 해도 과언이 아니다. 앞으로 얼마나 더 주문량을 늘릴 수 있을지 예상하기 힘든 상황에서 섣불리 생산 설비를 확대했다간 낭패를 볼 수 있다.

게다가 이젠 기존 공장도 노후화가 진행되어 새롭게 정비해야 하는 시점이다. 그 예산만 해도 5억~10억 엔이 들어간다. 아버지는 1만 개, 2만 개씩 수요를 늘릴 때마다 은행에서 대출을 받아 공장을 확장했다. 많을 땐 대출이 17억~18억 엔까지 늘어난 적도 있다. 지금도 대출금은 남아 있지만 몇 년 전 은행예금이 초과되어 사실상 대출이 없는 상태다. 그러니 공장 설비를 교체한다 해도 자금 조달에 문제는 없다. 1억 엔씩 10년 동안 상환하면 된다.

공장을 새로 짓는다면 공장 견학 코스를 만들어 볼까 생각 중이다. 다마고야 도시락이 어떻게 만들어지는지 전 과정을 생생히 보여 주는 것이다. 대상을 확대해 관광 상품으로 선보인다면 일본의 도시락 문화를 세계에 전파하는 역할을 하지 않을까?

· 중소기업의 나라, 이탈리아에게 배운 것 ·

왜 다마고야 사업을 확장하지 않느냐고 많은 사람이 묻는다. 안정적인 수익 모델을 기반으로 일본 전역에 사업을 확장한다면 도쿄뿐 아니라 일본의 모든 사람들이 다마고야 도시락을 맛볼 수 있을지도 모른다. 생각만 해도 꿈같은 이야기다.

하지만 앞서 언급했듯 다마고야의 비즈니스 모델에서 주문량을 더 늘리면 득보다 실이 더 많다. 판매 지역이 넓어지면 기존의 배송 시스템을 근본적으로 교체해야 하는데 이 또한 상당한 부담이다.

'최고의 도시락을 최고의 배달 서비스로 제공한다.'

다마고야의 경영 철학이자 고객에게 하는 약속이다. 이 약속을 지키지 못한다면 아무리 주문량이 늘어나도 의미가 없다.

나는 기업의 이상적인 모델이 이탈리아에 있다고 생각한다. 이탈리아는 신기한 나라다. 국가 재정이 파탄에 몰려 있음에도 지방 도시와 그 지방의 중소기업들은 여전히 번창하고 있으니 말이다. 이탈리아에는 직원 15명 이하 중소기업이 압도적으로 많다고 한다. 직원이 15명을 넘으면 세금이 현격히 올라가기 때문이다. 소규모 중소기업들이 도시마다 밀집해서 수평적인 분업 시스템을 통해 개성 넘치는 제품으로 국가 위상을 드높이고 있다.

섬유, 가죽, 가구 등 전통적인 공산품부터 와인이나 치즈, 햄 등의 식품과 기계나 전자 등의 하이테크 제품까지, 뛰어난 디자인과 품질이 합쳐져 '메이드 인 이탈리아'는 그 자체로 강력한 브랜드나 다름없다. 이탈리아 중소기업을 통해 한 가지 교훈을 얻을 수 있다. 규모를 키워 세계에 진출하는 것만이 답이 아니라는 것을. 그들은 '오직 이탈리아에서만 만들 수 있는 것'이라는 지역의 희소성을 내세위 높은 이익을 창출하고 있다.

다마고야도 지역성을 살려 도시락을 만들고 싶다. 신규 고객을 유치하는 데 열중하기보다 기존의 고객을 소중히 여기면서 다마고야 도시락만의 고유성을 지키고 싶다. 어디에서든 먹을 수 있는 맛이 아니라 오직 다마고야 도시락만의 맛을 지켜 나가고 싶다.

다마고야 도시락을 먹으려면 갖춰야 할 조건이 있다. 첫째, 사무실이 다마고야 배달 경로에 위치해야 한다. 둘째, 하루 열 개 이상을 주문해야 한다.

"우리 회사는 다마고야 배달 경로에 있었지만 직원이 20명뿐이라 최소 수량을 주문할 수 없었습니다. 다마고야 도시락을 먹을 수 있도록 회사를 키우겠다고 다짐했는데 드디어 이루었네요."

신규 거래처로 등록된 사무실 대표가 한 말이다. 이처럼 고객이 '다마고야 도시락을 먹을 수 있어 행복하다'고 여긴다면 그것이야말로 최고의 보람이자 행복이다.

주식 상장을 권유받으면 '아직은 시기상조'라는 말로 에둘러 거절해 왔다. 상장하지 않는 편이 '산포요시'를 실현하는 데 유리하다고 생각했기 때문이다. 만약 주식을 상장해서 고객에게 더 좋은 서비스를 제공하고 직원에게 더 좋은 근무 여건을 제공할 수 있다면 두말할 것 없이 상장할 것이다. 그러나 그게 과연 가능할까? 주식을 공개하면 우선시하는 대상이 달라진다. 바로 주주다. 지금은 다마고야 경영자가 곧 주주이므로 고객 제일주의를 실현할 수 있다. 주주인 내가 고객 제일주의를 최우선 과제로 내세웠으니까.

다마고야를 취재하러 왔던 방송국이나 신문 기자들은 입을 모아 이런 부탁을 했다.

"다마고야는 앞으로도 상장하지 않았으면 좋겠습니다. 고유한 정체성을 간직한 채 작지만 단단한 중소기업으로 남아 주세요."

하지만 앞날은 모를 일이다. 경영권이 다소 제한되더라도 고객이나 직원에게 장점이 많다고 판단되면 상장을 고려해 볼 것이다.

내 경영 능력이 한계치에 도달하면 전문 경영인을 고용할 생각도 있다. 나보다 훨씬 우수한 사람이 경영을 맡아서 고객과 직원이 더 행복한 회사로 거듭난다면 마다할 이유가 없다. 인수합병으로 사업을 양도하거나 다른 사업체를 인수하는 시나리오도 염두에 두고 있다. 실제로 인수합병을 상정해 시장 조사도 꾸준히 해 왔다. 급변하는 세상에서 모든 가능성을 열어 두고 경영에 임하고자 한다.

다마고야가 앞으로 계속 도시락 업체로 존재할지도 장담하기 어렵다. 업종이 바뀌더라도 고객이 좋아하고 직원을 소중히 여기고 사회에 보탬이 되는 회사이기를 바란다. 그러기 위해서는 당장 외형적인 성장을 추구하기보다는 내실을 튼튼히 다져서 작지만 강한 회사를 만드는 것이 나에게 주어진 사명이라고 생각한다.

• 변화하는 고객의 요구에 대응하기 위해 •

이제는 품질만 좋다고 고객이 저절로 생기는 시대가 아니다. 회사가 적극적인 마케팅으로 제품의 장점을 어필하지 않으면 외면받기 일쑤다. "다마고야 도시락은 맛있으니 드셔 보세요."라는 말만으로는 부족하다. 왜 맛있는지, 왜 몸에 좋은지를 제대로 설명해야 고객을 납득시킬 수 있다. 직원 개개인의 전달력이 중요해지는 이유다.

물론 마케팅만 잘한다고 능사는 아니다. 고객이 무엇을 요구하는지 귀 기울이는 태도도 필요하다. 다마고야는 배송 기사가 도시락 용기를 회수하면서 대화와 설문조사를 통해 피드백을 받는다. 그리고 전체 회의를 열어 고객의 요청을 메뉴에 반영한다.

하루 50~100개 주문을 하는 거래처에서는 한 달에 한 번 '카레 데이'를 연다. 그날은 수제 카레와 밥, 난(카레에 곁들이는 빵), 절임채소를 뷔페식으로 제공한다. 처음에는 시험 삼아 한두 군데에서 시작했는데 호평을 받아 조금씩 늘려 갈 예정이다. 밖에 나가지 않아도 외식하는 기분이 들어서 색다르고 좋다는 반응이 많다.

가끔은 샐러드 바를 열기도 한다. 샐러드와 드레싱 몇 종류를 도시락과 함께 제공하는 것이다. 시중 음식점에서 메인 음식을 주문하면 샐러드 바를 무료로 즐길 수 있는 시스템과 비슷하다. 특히 채소 가격이 급등하는 시기에는 고객의 반응이 뜨겁다.

도시락 내용과는 별개로 최근 늘어나는 요청이 하나 있다. 도시락 용기를 편의점처럼 일회용 용기로 만들어 달라는 것이다. 다마고야에서는 오랫동안 플라스틱 재활용 용기를 사용해 왔다. 일일이 도시락통을 수거해 세척해야 하는 번거로움이 있으나 반복 사용으로 불필요한 쓰레기가 줄어들고 용기 비용도 절감된다. 게다가 도시락 용기를 회수하면서 고객의 피드백과 다음 날 수요 관련 정보를 수집할 수 있다. 수거와 세척에 인력과 비용이 들지만 그럼에도 다마고야가 재활용 용기를 고집하는 건 마케팅과 수요 예측, 메뉴 개발 등에 활용되어 재활용 용기에 드는 비용보다 더 큰 이익을 가져다 주기 때문이다.

하지만 일회용 용기에 대한 요청이 날로 늘어가는 이상, 언제까지나 이를 외면하는 것도 도리는 아니라고 생각한다. 고객이 일회용 용기를 요구하는 이유는 뭘까? 용기를 배송 기사에게 돌려주는 과정이 번거롭기 때문이다.

아울러 현장 판매를 해 달라는 요청도 늘어나고 있다. 언젠가 직원 600명 규모로 빌딩의 3층에서 5층까지 통째로 사용하는 회사가 4층 탕비실 한쪽에 공간을 비워 둘 테니 11시부터 1시까지 현장 판매를 해 주었으면 좋겠다는 요청을 해 왔다.

왜 고객은 현장 판매를 원할까? 다마고야에 직접 주문하는 과정이 번거롭기 때문이다. 일회용 용기 요청과 일맥상통하는 부분이다.

아침마다 부서를 돌며 도시락 주문을 받고서 다마고야에 연락하는 일 자체가 담당자 입장에서는 시간이 걸리고 손이 많이 간다. 직원 수가 많은 회사일수록 더더욱 그럴 것이다. 일회용 용기로 현장 판매를 하면 다마고야 직원 입장에서도 한결 편하다. 매일 아침 주문을 받지 않아도 되고 도시락 용기를 회수할 필요도 없다.

요즘 오피스 타운에서는 점심시간에 푸드 트럭이 늘어서 간편한 한 끼 식사를 판매하는 모습을 흔히 볼 수 있다. 현장 판매를 요청하는 목소리가 커진 것도 이러한 상황과 무관치 않으리라.

다만 현장 판매가 늘어나면 수요 예측이 어려워진다는 단점이 있다. 도시락이 매진된다면 아무 문제가 없겠지만 하다 보면 재고가 생기기 마련이다. 이 경우 사무실 근처에서 도시락을 구매할 고객을 찾아야 한다. 점심시간도 탄력적으로 적용해 1시부터 점심을 먹는 회사도 많아졌다. 여기에 100~200엔 정도 할인을 해 준다면 고객도 만족할 것이다. 가까운 거리에 있는 고객을 찾아내서 재고를 소진하는 것은 전적으로 배송 기사의 역량에 달려 있다.

일회용 용기를 사용한 현장 판매가 순조롭게 이어진다면 언젠가 1일 최대 판매량이 7만 개를 넘어설 날도 오리라 생각한다. 현재는 하루 평균 판매량이 6만 1,000~6만 2,000개다. 현장 판매용 수량을 추가한다면 하루 평균 6만 4,000~6만 5,000개까지 늘어난다는 계산이 나온다.

다만 전 세계적으로 환경오염이 심각해지면서 대형 체인점을 중심으로 외식업체들이 일회용 플라스틱 줄이기에 동참하는 추세다. 일회용 용기가 당장 다마고야의 판매량을 높일 수는 있겠지만 선뜻 결정을 내리지 못하는 이유이기도 하다.

지구 환경을 보호하면서 고객의 요청에 부응하고 기업 이익을 창출하고 싶다. 어려운 문제지만 세 가지 관점을 모두 고려하면서 일회용 도시락 용기 문제를 고민해 보고자 한다.

◦ 다각화 경영이 아니라 입체화 경영 ◦

2012년 소니의 전前 CEO 이데이 노부유키 씨와 다마고야의 장래에 관해 이야기를 나눈 적이 있다. 그는 이렇게 조언했다.

"한 치 앞을 예측하기 힘든 시대이니 이대로 4~5년은 꾸준히 계속해 보게나. 그러다 보면 언젠가 길이 보일지도 모르니까."

나는 그의 의견에 공감하고 공장 증설이나 주식 상장과 같은 덩치 키우기는 가급적 삼가고 내실을 다지는 전략을 취해 왔다.

일전에 오랜만에 이데이 씨 사무실을 방문할 기회가 있었다.

"조언대로 실천한 지 5년이 흘렀습니다. 그런데 아직도 앞이 안 보입니다."라고 털어놓자 다음과 같은 대답이 돌아왔다.

"다마고야의 미래는 말이지. 다각화 경영이 아니라 입체화 경영에 있다네."

여기서 말하는 다각화 경영이란 기존에 운영하던 사업 이외에 다른 분야로 사업을 확장하는 것을 말한다. 입체화 경영이란 지금까지 다마고야가 해 온 사업을 바탕으로 그 강점을 살린 사업을 새롭게 전개해 나가는 것이다. 수평 방향의 사업 확대가 다각화라면 수직 방향의 사업 확대는 입체화인 셈이다.

사실은 입체화 경영의 일환으로 그동안 줄곧 염두에 둔 것이 하나 있다. 도시락 앱 개발이 그것이다.

현재 다마고야의 도시락을 먹으려면 하루 열 개 이상의 주문이 가능한 회사에서 근무하는 직장인이어야 한다. 그중에서도 외근할 일이 없는 내근직이 대부분이다. 아무리 다마고야 거래처라도 외근이 많아 밖에서 점심을 먹어야 하는 영업사원이라면 다마고야 도시락을 먹기 힘들다. 늘 이 점이 마음에 걸렸다. 내근이나 외근을 따지지 않고 다마고야와 계약한 회사 직원이라면 누구라도 다마고야 도시락을 먹을 수는 없을까? 도시락 앱은 그것을 가능하게 해 주는 응용 프로그램이다.

다마고야와 계약한 회사의 영업직원이 '오늘은 다마고야 도시락을 먹고 싶다'고 생각했다면? 스마트폰에 설치한 다마고야 앱을 켠다. 지금 있는 위치나 앞으로 영업활동을 갈 위치 등을 지정하면 그 지역 안에서 도시락을 적재한 배송차가 있는 장소가 표시된다. 아울러 12시까지 도시락 몇 개가 배송될 예정이며 남은 도시락이 몇 개인지 실시간으로 업데이트된다. 재고가 있는 배송차가 자신과 가까운 위치에 있으면 주문을 넣고 그곳에 들러 도시락을 구매하면 된다. 참고로 앱을 사용하는 경우 회수가 어렵기 때문에 일회용 용기를 제공하고 스마트폰으로 결제한다.

어떤가? 이것이 내가 상상한 다마고야 앱의 모습이다. '그랩'이나 '우버' 같은 앱을 떠올리면 이해하기 쉬울 것이다. 다마고야 배달 경로는 도쿄 도심을 망라하고 있으므로 배달 경로상 가능한 위치를 지정하면 도심부 어디에서든 도시락을 살 수 있다. 앱만 설치하면 외근이 많은 직원은 물론 재택근무를 하는 직원까지도 다마고야 도시락을 먹을 수 있는 것이다.

앱이 상용화되면 당분간은 다마고야와 계약한 회사 직원으로 사용자를 한정할 생각이다. 택시 앱처럼 대중에게 공개하는 것도 고려할 수 있지만 다마고야는 지금까지 불특정 다수를 상대로 거래를 해 본 경험이 없다. 이를 위해선 또 다른 비즈니스 모델이 필요하리라 본다. 사용자를 다마고야와 계약한 회사 직원으로 한정한다고 해도 앱의 파급력은 상당할 것이다.

한발 더 나아가 일본 전국의 도시락 업체들과 협업해 도시락 플랫폼을 만드는 방안도 구상하고 있다. 도시락 업계는 대기업 프랜차이즈라도 하루 평균 판매량이 3,000개 정도다. 연매출로 따지자면 3억 엔가량으로 수익이 좀처럼 오르지 않고 있다. 경쟁이 치열한데다 일손 부족도 심각해 대규모 투자도 쉽지 않은 실정이다. 이런 상황에서 전국의 도시락 업체에 다마고야가 개발한 앱에 낮은 수수료로 입점시키면 어떨까? 인터넷 주문을 받는 플랫폼으로 활용하는 것이다. 일본 전역의 도시락 정보가 모이는 플랫폼을 구축한다면, 도시락 업계 전체가 질적 향상을 이루는 계기가 되리라 본다.

어떤 형태가 될지는 아직 확정되지 않았지만 다마고야 앱의 기본 모델은 완성된 상태다. 현재는 앱 개발 회사 두 곳에 의뢰를 맡겨 버전 업그레이드를 하고 있다. 최종 버전이 완성되면 한 지역에서 실험해 보고 수정을 거친 후 상용화할 예정이다.

◦ 사장은 회사의 청사진을 제시해야 한다 ◦

1일 최대 7만 개를 오차 없이 배달할 수 있는 것은 다마고야만의 독보적인 시스템 덕분이다. 이를 활용해 다른 도시락 업체와 사업을 연계하는 방안도 생각 중이다.

다마고야 도시락과 다른 도시락 업체의 도시락을 원하는 고객이 있다고 해보자. 해당 도시락 업체가 다마고야의 배송 경로에 위치하면 배송 기사가 도시락을 받아서 함께 배달해 주는 것이다. 해당 음식점에서 100~200엔 수수료를 받고 말이다. 앞서 말한 앱을 활용하면 다른 업체 도시락을 받을 위치를 고객이 지정하는 것도 가능하다.

다마고야는 밥과 반찬을 곁들인 모듬 도시락 전문이다. 만일 고객이 샌드위치나 스파게티 등 색다른 메뉴를 먹고 싶다면? 다른 도시락 업체와 제휴해서 다마고야가 배송만 담당할 수도 있다. 고객이 스마트폰으로 결제하면 다마고야와 다른 도시락 업체로 각각 결제된다.

다마고야 배송차는 한 대당 기본적으로 400~500개의 도시락이 들어간다. 몇 개의 차량은 지붕을 30센티 높여서 총 800개까지 수용력을 높였는데 향후 필요하다면 차량을 전부 개조할 생각이다.

효율성을 추구한 배송 시스템과 배송 경로는 다마고야의 큰 자산이다. 그리고 그 자산을 활용해 기업의 성장을 도모할 방법은 무궁무진하다. 이데이 씨가 말한 입체화 경영이 바로 이런 게 아닐까.

반찬 담기 기술도 마찬가지다. 다마고야는 세 개 레인에서 10분간 3,000개의 도시락에 반찬을 담는다. 이는 동종 업계보다 세 배 빠른 속도다. 이 기술은 일본은 물론 전 세계를 통틀어 다마고야가 유일하다. 반찬 담기 작업은 오전 7시에 시작해 오전 11시 무렵 끝난다. 이후 간단한 청소를 마치고 작업을 완료한다.

언젠가 한 배달 전문 회사가 다마고야 도시락을 판매하고 싶다는 제안을 해 왔다. 30~40퍼센트의 수수료를 제시하기에 거절했더니 20퍼센트까지 낮췄다. 다마고야가 도시락 한 개당 400엔에 도매로 넘기면 배달 회사는 고객에게 500엔에 팔겠다는 이야기다. 배달을 일임하면 다마고야는 도시락을 만들기만 하면 된다. 가령 3,000개 주문이 들어오면 지정된 시간까지 3,000개 도시락을 만들어 둔다. 그러면 배달 전문 회사가 픽업해서 고객에게 배달한다. 배송에 들어가는 에너지와 비용을 없애는 대신 도시락을 한 개당 400엔에 파는 셈이니 다마고야 입장에서는 이득이다.

고민 끝에 이 제안도 받아들이지 않았지만 다마고야의 압도적인 반찬 제조 노하우를 활용하면 도시락을 납품하는 것만으로도 충분히 이익을 창출할 수 있다. 이 또한 입체화 경영의 관점에서 좋은 비즈니스 모델이 될 것이다.

"직원의 발전 없이는 조직의 발전도 없다."

내가 직원들에게 늘 강조하는 말이다. 하지만 사장이 아무리 강조해도 직원 입장에서는 자신이 어떻게 능력을 키워야 할지 막막하다. 하루하루 열심히 일하지만 문득 자신의 미래를 떠올렸을 때 '이대로 어영부영하다 60세가 되어서도 도시락을 배달하고 있겠지'라고 생각한다면 일할 의욕은 고사하고 무기력에 빠지기 십상이다.

직원의 마음에 불을 지피려면 미래에 대한 구체적인 청사진을 보여줘야 한다. 다마고야가 앞으로 달라질 모습을 보여주고 그러기 위해서 무엇을 해야 하는지 정확히 알려줘야 한다.

비전을 공유하면 희망과 의욕이 생긴다. 부푼 기대를 안고 업무에 매진한다. 단, 여기엔 한 가지 전제 조건이 있다. 다마고야 도시락의 잠재력을 키우려면 당장 눈앞의 일에 최선을 다해야 한다.

"기한을 정하고 목표치를 달성한다. 그래야 다음 단계로 나아갈 수 있다."

날마다 이 말을 되새기면서 오늘에 충실하도록 직원들을 독려한다.

• 넓게 보고 가능성을 배제하지 마라 •

스위스 동부의 알프스 산기슭에 위치한 세계적인 휴양지 다보스. 매년 1월 하순이 되면 전 세계에서 저명한 기업인, 정치인, 경제학자, 저널리스트 등 약 3,000명의 거물급 인사들이 다보스에 집결한다. 일주일간 세계 경제 현안에 관해 토론하고 연구하는 세계경제포럼 연차총회, 즉 다보스포럼에 참석하기 위해서다.

스위스 비영리 민간단체인 세계경제포럼WEF이 주최하는 다보스포럼은 세계에서 가장 많은 주목을 받는 국제회의로 자리매김한 지

오래다. 이곳에서 논의된 사안은 세계무역기구 등 국제기구를 비롯해 여러 국가와 기업의 장기적인 전략을 좌우할 만큼 막강한 영향력을 자랑한다.

중국이 경제 강국으로 부상하면서 2007년부터는 '여름 다보스포럼'이라고 불리는 뉴 챔피언 연례총회를 설립해 매해 6월에 중국의 도시에서 개최하고 있다. 이외에도 중남미 회의, 아프리카 회의, 동아시아 회의, 중동 회의 등 세계 각국에서 지역회의가 수시로 열려 각종 경제 현안을 토론한다.

다보스포럼에 기업인이 참가하려면 연간 매출액이 5,000억 엔 이상이 되어야 하며 거액의 참가비를 지불해야 한다. 참석자 대부분이 대기업 총수로 채워지는 이유가 여기에 있다. 하지만 지역회의에서는 일명 '포럼멤버스'라고 하여 빠른 성장세를 보이는 기업 및 지역경제에 기여하는 기업의 대표들에게도 문호를 개방한다.

다마고야는 2015년에 포럼멤버스로 선정되었다. 나는 다마고야 대표로 세계경제포럼의 지역회의에 정기적으로 참가하고 있다. 포럼멤버스에 선정된 일본의 중소기업은 열 개사 정도인데 첨단 기술의 도움 없이 조직을 이끌어 온 기업은 다마고야가 유일하다. 여기에 참가하는 기업을 통틀어 도시락 업체도 다마고야밖에 없다.

포럼멤버스에 선정되려면 '연매출 100억~200억 엔'이라는 조건과 더불어 '향후 5년 이내에 매출 5,000억 엔을 올릴 잠재력이 있다'

는 요건이 있다. 다마고야가 5년 이내에 매출 5,000억 엔을 기록할 것이라는 허무맹랑한 목표는 내건 적이 없기에 거듭 세계경제포럼 사무국에 이 점을 문의했다. 하지만 상관없다는 답변이 돌아왔고 일단 참가하기로 마음먹었다.

인공지능으로 대표되는 4차 산업혁명 시대에 IT 기술 없이 수요를 예측하고 전화와 팩스로 주문을 받는 다마고야가 업계의 대표주자로 성장한 것에 흥미를 느낀 게 아닐까. 어쩌면 환경과 건강, 음식에 대한 관심이 높아지는 가운데 '재활용 용기를 사용하는 건강한 도시락'이라는 콘셉트에 공감했을지도 모른다.

미리 밝혀 두지만 세계경제포럼 지역회의에서 다마고야 도시락을 돌려서 홍보한다든지, 세계 진출의 발판으로 삼겠다는 식의 욕심은 없다. 도쿄의 서민 동네에서 450엔짜리 도시락을 팔던 내가 우물 안 개구리에서 벗어나 세계로 시야를 넓히고 싶을 뿐이다.

가령 동아시아 지역회의에 참가하면 해당 지역의 국가 지도자와 기업 총수들이 참석한다. 경호원이나 비서는 원칙적으로 동석 금지이므로 운이 좋으면 그들과 직접 대화를 나눌 수도 있다. 특정 인사와 개별적으로 접촉하고 싶다면 세미나 사이에 주어지는 20분 휴식 시간에 적극적으로 다가가 말을 걸면 된다. 모두가 그 시간에 분주하게 움직이며 인사를 나눈다. 그렇게 얼굴도장을 찍은 뒤 세미나가 끝나고 개별적으로 모여 비즈니스 미팅을 갖는 것이다.

각국의 지도자와 장관, 관료, 글로벌 기업의 경영인, 학자들이 모여 세계 경제를 비롯해 국제분쟁, 과학기술, 환경문제 등 각종 이슈를 논의한다. 각종 현안에 대해 해법을 제시하면 각국 지도자들이 이를 국가 정책에 반영시켜 법률로 규정한다. 그렇게 세계를 바꿔나가는 것이다.

경영자로서 가능한 모든 선택지를 배제하지 않겠다는 것이 나의 지론이다. 그러므로 다마고야가 절대 세계 진출을 하지 않겠노라고 단언할 수는 없다. 만약 세계화와 관련해 세계경제포럼 사무국에 의뢰한다면 협력자를 소개해 줄지도 모른다. 세계경제포럼도 참가 기업들이 성장하기를 바랄 테니 말이다. 회의에서 각국 정부 관료들을 만날 기회가 많기 때문에 현지화와 관련해 귀중한 조언을 받기도 쉽다.

앞으로 어떻게 될지는 모르지만 지금은 경영자로서 시야를 넓히고 교양을 쌓기 위해 세계경제포럼 지역회의에 참가하고 있다. 당장은 구체적인 소득이 없을지라도 장기적으로 보면 다마고야의 위상을 높이는 계기가 되리라 믿는다.

사업에 실패하는 경영자의
12가지 특징

다마고야 사장실 벽에는 '사업에 실패하는 경영자의 특징'이라는 부제가 달린 글이 걸려 있다.

사업에 실패하는 경영자의 특징

1. 기존의 방법이 제일 좋다고 믿는다.

2. 지금 가장 잘나간다고 자만한다.

3. 시간이 없다는 핑계로 책을 멀리한다.

4. 어떻게든 되리라 생각한다.

5. 돈 되는 일이라면 물불 가리지 않는다.

6. 좋은 물건은 알아서 팔리니 안심한다.

7. 임금은 최대한 깎는다.

8. 지급은 최대한 미룬다.

9. 기계는 비싸니 값싼 노동력을 쓴다.

10. 손님은 이기적인 존재라고 여긴다.

11. 장사에서 인정은 금물이라고 믿는다.

12. 어차피 안 될 거라며 개선하지 않는다.

내가 다마고야에 입사한 1997년의 봄날, 한 장의 팩스가 날아들었다. 송신자는 다마고야에 들어오기 전에 근무했던 마케팅 회사의 사장이었다.

'다마고야 경영에 도움이 될 만한 내용 같아서 보냅니다. 건승을 빕니다.'

이런 메시지와 함께 위의 12가지 항목이 적혀 있었다. 그 이후로 지금까지 이 내용은 다마고야를 이끄는 데 중요한 경영 이념이 되었다. 출처는 수소문해 봤지만 끝내 찾지 못했다. 일각에는 호쿠리쿠의 스시집 주인장이 고안했다는 이야기도 있으나 확실하진 않다.

하나같이 너무도 당연하고 어렵지 않은 내용이지만 읽으면 읽을수록 곱씹게 되는 면이 있다. 사업을 하는 사람들에게는 하나같이 폐부를 찌르는 명언들이다. 지금도 시간이 날 때마다 찬찬히 그 내용을 곱씹어 보곤 한다.

회사의 실적이 좋을 때, 실적이 나쁠 때, 결단을 내려야 할 때, 매너리즘에 빠졌을 때, 새롭게 각오를 다질 때 등 이런저런 상황에 닥쳤을 때마다 신기하게도 눈에 들어오는 문구가 다르다.

업무에 쫓겨 눈코 뜰 새 없이 바쁠 때는 '시간이 없다는 핑계로 책을 멀리한다'라는 문구가 마음을 파고든다. '그러고 보니 요즘 통 책을 못 읽었네'라며 자신을 돌아보게 된다. 설비 투자를 망설일 때는 '기계는 비싸니 값싼 노동력을 쓴다'라는 문구에, 직원과 연봉 협상을 할 때는 '임금은 최대한 깎는다'라는 문구를 보면 뜨끔하다. 자만하거나 현실에 안주하려는 경향이 생기면 '기존의 방법이 제일 좋다고 믿는다'와 '좋은 물건은 알아서 팔리니 안심한다' '어차피 안 될 거라며 개선하지 않는다' 같은 문구들이 뼈아프게 다가온다. 직원들에게도 이러한 교훈을 공유하고자 사무실 곳곳에 액자로 만들어 걸어 두었다.

다마고야의 배송 기사는 20개 반으로 나뉘고 각 반은 평균 연매출 5억 엔 규모의 기업과 같다. 그리고 반장은 그 기업의 CEO다. 매출을 늘릴 방법을 고민하고 리더십을 발휘해 직원들을 통솔한다는 점에서 나와 배송 반장의 역할은 다를 바가 없다.

"고객을 위해 한 일이라면 실패해도 괜찮습니다. 여기에 적힌 조항 이외에는 무엇이든 시도하십시오."

나는 '사업에 실패하는 경영자의 특징'을 보여주며 반장들에게 이렇게 말한다. 나에게 위의 12가지 항목은 직원에게 권한을 위임하는 메시지이기도 하다.

창업주의 리더십이 절대적인 중소기업의 경우 권한을 위임하면 성공하기 어렵다고들 한다. 하지만 직원 개개인이 자발적으로 의욕을 가지고 능력을 키워 가려면 어느 정도 권한 위임은 필요하다. 그것이 회사가 진정으로 성장하는 길이라고 생각한다.

다마고야에 들어와 실질적으로 사장직을 승계한 지 20년이라는 세월이 지났다. 돌이켜보니 내가 보낸 20년은 직원들에게 권한을 위임하는 시스템을 만드는 시간이었다. '사업에 실패하는 경영자의 특징'이 그 지침이 되어 주었다. 앞으로도 다마고야의 경영 이념으로 마음에 새길 것이다.

'사업에 실패하는 경영자의 특징'은 실패하지 않기 위한 반어법 표현이지만 인간에게는 늘 실패가 따르기 마련이다. '실패는 성공의 어머니'라고 하듯 실패는 절대 나쁜 게 아니다. 실패를 두려워한 나머지 행동하지 않는 것이야말로 가장 나쁜 것이다. 시간이 지나서 '그때 두려워 말고 했더라면' 하고 후회해 봤자 소용없다.

실패는 누구에게나 일어난다. 중요한 것은 실패를 대하는 방식이다. 실패의 원인을 찾아 반성하고 수정하고 다음 기회에 다시 도전하면 된다. 그것이 마이너스를 플러스로 바꾸는 비결이다.

실패를 겪으면 누구나 슬프고 절망스럽다. 때로는 실컷 울고 신세 한탄을 하고 술을 잔뜩 마셔서 괴로운 마음을 풀고 싶어진다. 그렇게 하면 당장 실패로 인해 겪은 감정을 해소할 순 있겠지만 그것만으로는 똑같은 실패를 반복하게 될지도 모른다.

성공한 사람 혹은 행복한 인생을 사는 사람의 이야기를 들으면 공통으로 느끼는 점이 있다. 자신에게 닥친 일(그것이 좋은 일이든 나쁜 일이든)을 미래를 향한 귀중한 자산으로 삼는다는 사실이다. 나는 믿는다. 실패라는 마이너스 현실을 외면하지 않고 그것을 플러스로 바꾸어 가겠노라고 다짐한다면 인생은 반드시 행복해질 수 있다.

'마이너스를 플러스로 바꾼다.'

어렵게 들릴지도 모르지만 알고 보면 간단하다. 지각을 밥 먹듯 하는 사람이라면 '나는 정말 구제 불능이다'라고 부정적인 감정에 파묻히기보다 '다음부터는 꼭 제시간에 가야지'라고 결심하고 노력하면 된다. 같은 실수를 반복하지 않겠다는 각오를 다지면 마음가짐이 달라지고 행동이 달라진다. 그러면 미래도 바뀐다.

나는 잠자리에 들기 전에 그날 있었던 일들을 되돌아보는 시간을 갖는다. 아침부터 저녁까지 내가 했던 말과 행동들을 하나하나 되새기며 자기 분석을 하는 것이다. '생각해 보니 그때 말이 지나쳤다. 앞으로는 좀 더 상대의 말을 귀담아 들어야겠어'라던지 '왜 꿀 먹은 벙어리처럼 있었을까? 다음번에는 좀 더 적극적으로 다가가야지'처럼 반성하기도 하고 '오늘 하루는 대체로 좋았어' 하고 뿌듯해

하기도 한다.

자기 전에 오늘의 자신을 돌아보고 내일의 자신을 그려 본다. 그것만으로도 마이너스를 플러스로 바꾸는 효과가 있다. 플러스가 되는 경험이 쌓여 갈수록 인생은 달라진다. 마이너스를 플러스로 바꾸는 마음가짐, 이것이야말로 내가 살면서 몸소 깨달은 교훈이자 다마고야를 경영하면서 늘 가슴에 새긴 다짐이다.

마지막으로 다마고야와 다마노야에서 일하는 직원 여러분, 신속히 식자재를 납품해 주는 협력 업체 여러분, PB 개발에 애써 주신 식품 업체 여러분 그리고 다마고야 도시락을 드시는 고객 여러분께 진심으로 감사드린다.

2018년 11월
다마고야 사장
스가하라 유이치로